常州市档案文化丛书

“我們那時候”

常州创新创业口述访谈实录

常州市档案馆 编著

古吴轩出版社

图书在版编目（CIP）数据

“我们那时候”：常州创新创业口述访谈实录 / 常州市档案馆编著. — 苏州 ：古吴轩出版社，2022. 6
ISBN 978-7-5546-1954-4

Ⅰ. ①我… Ⅱ. ①常… Ⅲ. ①人物—访问记—常州—现代 Ⅳ. ①K820.853.3

中国版本图书馆CIP数据核字（2022）第091410号

责任编辑：张雨蕊
装帧设计：秋和文化
责任校对：胡敏韬
责任照排：秋和文化

书　　名：**“我们那时候”**——常州创新创业口述访谈实录
编 著 者：常州市档案馆
出版发行：古吴轩出版社
地址：苏州市八达街118号苏州新闻大厦30F
电话：0512-65233679　　邮编：215123
印　　刷：苏州市越洋印刷有限公司
开　　本：700 × 1000　1/16
印　　张：16
字　　数：226千字
版　　次：2022年6月第1版　第1次印刷
书　　号：ISBN 978-7-5546-1954-4
定　　价：45.00元

编委会

主　任：金云江

副主任：张步东　刘承旺　闫英姿

主　编：张步东

常州记忆：改革开放创新创业的全景画卷

2022年6月9日国际档案日，一场讲述中国故事的主题研讨会精彩纷呈，红色记忆、世界记忆、古村落记忆……一幅幅透过档案展现中国精神、文化自信的画卷激荡心灵。会议即将结束之际，一个提问引发深思：如何构建家乡记忆，我们每个人能做些什么？

接到为《“我们那时候”——常州创新创业口述访谈实录》作序的邀请，在一遍遍饶有兴致地品读41篇口述访谈的同时，从未到过常州的我，却仿佛穿越到那时候，行走于那些街巷、那些历史场景，置身于屋檐之下、作坊之内、可亲可敬的人群之中，体味民间百态、行业发展与社会变迁，从而深深爱上了这座城市，竟宛如其中的一员。这便是文化认同的神奇作用，是民间口述史的奇特魅力，又何尝不是建构家乡记忆的有效方式？

口述历史或口述档案的“真实性”“可靠性”向来存在争议，一些档案部门对来自权威机构的真实记录珍爱有加，而对采集于民间的口述记录则另眼相看，甚至不愿冠以“档案”之名；与之形成鲜明对比的，是口述史研究在档案圈外的风生水起。中国民协名誉主席、当代著名作家冯骥才先生谈及非遗传承时曾指出：“非物质文化遗产是无形的、动态的、活动的，是不确定的，它保存在传承人的记忆和行为中，想要把非遗以确定的形式保存下来，口述史是最好的方式。”2017年，我有幸参加了冯骥才文学艺术研究院主办的《传承人口述史方法论研究》成果发布暨学术研讨会，感受更为强烈。如何将档案学引入口述史？口述档案如何成为官方文件之外的有机补充？档案人对社会记忆的建构应作出怎样的贡献？

巧合的是，2017年，常州市档案局开始谋划口述档案工作；2020年，常州市档案馆正式启动“常州历史记忆与口述档案”采集工程；2021年，完成了对口述访谈近50期的录制，收集了大量珍贵的第一手资料，大大丰富了档案馆藏，并据此甄选精华、历时一年编撰汇集《“我们那时候”——常州创新创业口述访谈实录》。采集以常州改革开放为时代背景，以老专家、老厂长、老员工等为主要访谈对象，以访谈中形成的音频、视频和文字资料为主要形式并整理归档。这是一场抢救濒危记忆的特殊战斗，采访对象平均年龄60岁，最年长者90岁以上。这是一幅展现“苏南模式”城市发展历程，特别是创新创业历史的全景画卷，政治、经济、社会、文化，工农兵学商，各行各业，各个阶层，几乎无所不包，内容丰富、图文并茂，具有特殊的保存价值和极强的可读性。这是常州市第一部口述档案的工作成果，也是档案部门吸引公众深度参与城市记忆建构、挖掘开发利用档案资源的创新举措，更是实现文化认同、展现文化自信不可多得的宝贵资源。“常州历史记忆与口述档案”采集工程的有益探索表明，加强口述档案资源建设必将成为社会观视阈之下拓展档案工作的重要途径，这一点已为全球档案界的大量丰富成果所验证。

希望有一天，在本书各界精英口述实录的向导下，我能踏上常州这片神奇的土地，回望改革开放、创新创业、激情燃烧的岁月，亲身体验这座具有厚重历史和浓郁特色的城市，憧憬充满生机的未来。一个从未踏足常州的外乡人看罢此书尚且产生如此认同与冲动，每日生活其间的当地居民或寻根访祖的游子看罢又将引发怎样的共情？这或许是本书编著者和所有贡献者的最大期待，是本书的历史价值和现实意义，也是跨时空呈现社会全景的档案在身份认同、文化自信、文明传承方面的特殊功效。

王 健

中国人民大学信息资源管理学院教授

2022 年 6 月

目录

我是如何成为“碧根果皇后”的

□ 讲述人：何雅萍

何雅萍，常州市金土地农牧科技服务有限公司总经理，被称为“碧根果皇后”

“我让工人现场采果过秤，这棵树的结果量达到了30斤，这在当时碧根果种植尚处于探索期的国内十分罕见。参观者纷纷称赞我是‘碧根果皇后’，没想到这一称呼还被记者写到报纸上，被很多人知晓。”

因为一个活动，我获得了“碧根果皇后”的称号

在西夏墅镇浦西村委巢家村，有一片400亩的碧根果园。这里是常州最大的碧根果种植基地，也是唯一出售碧根果鲜果的地方。碧根果最早由西方传教士带入中国，但是要么不结果，要么果实稀少。我等了近10年时间，就是要让常州的土地上也结出大片的碧根果。

何雅萍和碧根果打了十几年交道，被称为“碧根果皇后”

我今年快70岁了，常年吃住在几百亩碧根果种植园

里。10 多年来，我见证了国内碧根果种植业的发展变化，被很多人称为“碧根果皇后”。

“碧根果皇后”这个称号来自 2014 年在常州召开的全国山核桃（碧根果）现场会。说起这个现场会，还要感谢政府相关部门的支持。因为有了他们的争取，主办方才把这个活动放到我们常州，那些专家和全国各地的种植户，才有机会来到我的种植园参观和交流。

现场会系列活动中，有个环节是到我的碧根果种植园参观。参观时，一棵结果量很大的碧根果树引起了大家的注意。

我让工人现场采果过秤，这棵树的结果量达到了 30 斤，这在当时碧根果种植尚处于探索期的国内十分罕见。参观者纷纷称赞我是“碧根果皇后”，没想到这一称呼还被记者写到报纸上，被很多人知晓。

那次活动不仅提高了我的知名度，还给了我信心和勇气。5 年前，在我的种植园里，单棵碧根果树的年产量平均在 10 斤左右。经过 5 年的发展，单棵碧根果树的平均年产量增加了数倍，达到了 30 斤。

提增土地的效益，是我的梦想

我是根据相关政策在 2000 年内退后开始创业的，此前，我一直在孟河镇农业技术推广站担任技术员。

内退后，我把眼光瞄准了农业这个我熟悉的领域。当时，孟河镇农业产业结构的调整刚刚起步，农田仍以种植传统农作物为主，农民的收入不高。如何增加农民收入，提增土地的效益，这是我思考最多的问题。

2002 年，我和我先生为了开发农业新品，通过考察后决定引进试验种植我国特有的珍贵优质环保树种——楸树。

楸树为紫葳科树，属高大落叶乔木，其枝叶繁茂，花多色艳，具有较强的消声、滞尘、吸毒能力，素有“木王”之称。该树集用材、绿化、观赏、防护、环保等多功能于一身，很值得推广种植。

在尝到种楸树30多亩获得成功的甜头后，我们又投资200多万元，扩种了三四百亩楸树，都取得了不错的成绩。但是，楸树实际市场需求数量不大，如何尽快寻找到一条由低效农业向高效农业发展的道路，探索出一条市场容量较大的高效农业发展之路，进一步调整农业产业结构，这是摆在我们面前最急需解决的问题。

碧根果给了何雅萍拼搏的方向和梦想

交流学习期间，几棵碧根果树苗改变了我们

在种植楸树的过程中，我东奔西跑，到全国各地交流学习，在此期间，我结识了一家植物研究所的专家。

2005年初，中科院植物研究所的专家给我送来了一些碧根果树苗。虽然我退休前就是跟土地打了几十年交道的农技站站长，可收到这批树苗还是让我倍感踌躇。

碧根果，世界上著名的干果树种之一，树龄长达百余年，为长效经济林果，是世界公认的“一次栽植，百年受益”、用途广泛、经济价值高、受益期长、社会效益和生态效益突出的经济树种。其坚果个大、壳薄，出仁率高，取仁容易，产量高，效益好。同时，其果仁色美味香、无涩味、营养价值很高，是理想的保健食品之一。碧根果的油脂含量高达70%以上，不饱和脂肪酸含量高达97%，且有很好的贮藏性。

虽然碧根果的经济价值很高，但是栽培技术复杂，且挂果周期较长、投资大、风险大。

那时候，国内刚刚开始引进碧根果树种，河南、湖南、云南、浙江、江苏等地都出现了引种基地，但仍属于小众树种。

我先生问我："咱们为什么不能种碧根果呢？"就这样，我们在作了大量市场调查后，于 2007 年开始在西夏墅承包农田，种植该树苗。

第一次尝试，种了五六十棵碧根果树。现在回头看看，做的都是无用功。记得当时有人告诉我，只要把花粉收下来人工授粉就行了，但两年下来，一点果子都没结出来。这个时候，我开始着急了。

经此打击，我大病一场，还到上海动了个大手术。我先生劝我不要搞了，但我有一种情结，认准了一件事就是要搞下去，决不半途而废。当时全国 80% 种过碧根果树的地方，我们基本上都跑遍了。

就在这时，一位来自浙江金华的专家找上门来。这位专家来到这儿，是为了找一个名叫"茅山一号"的品种。一问下来才知道，原来他也面临着同样的授粉问题。两人一讨论，找出了没结果的根本原因——同一株或者同一个品种的雌花和雄花不在同一个时间开放，而能够授粉的时机只有一两天。等到把雄花采下来授粉的时候，早就过了雌花的授粉期。授粉过程根本无法进行，又怎么会结出果子来呢？

原来，"异花授粉"才是碧根果的特性。那么，哪种花的花期跟我的品种对得上呢？为此，我花了一年时间走遍了全国各地，经过对江苏、江西、浙江等地 100 多个品种的观察、实验和筛选，最终选取了花期相同的几个品种回去进行高接。

高接完之后又长了 4 年，那时候我日夜盼着的就是能如愿以偿结出果子来。到 2014 年，园子里的树零星都开始挂起了果子，我突然有种如释重负的感觉。

现在，园子里有两个主栽品种和三四个辅助授粉品种。每到花期，整个授粉过程长达 20—25 天。

我的成功离不开政府的帮助，我的梦想是带领更多人一起致富

经过十几年的辛勤耕耘，我不仅获得了“江苏省劳动模范”的称号，还在 2019 年成为全国首批林草乡土专家。

碧根果种植的成功离不开政府有关部门的支持。尤其是最近几年，如果没有政府支持，我这个项目早就夭折了。

常州市科技部门和农业部门在科技项目申报方面一直为我提供帮助和指导。令我印象深刻的是，这些政府部门的办事效率越来越高。像有些项目申报，以前需要多次“折返跑”，现在可以足不出户，只需要在网上申报。

这两年，常州市市场监督管理局也给予了我很大支持。尤其是在碧根果采集、生产、加工的标准化流程方面，他们免费提供智力支持和技术支撑，大大拓展了我们的市场空间。

目前，我们的碧根果标准化流程走过一年多时间，效果已经显现。江西、陕西等地的种植户看中我们的标准化流程，主动找上门来，要求合作。

目前，我们金土地农牧科技服务有限公司与江苏省林业科学研究院正式签订了开发生产合作协议，这里将成为省林科院的研发基地，即良种苗木繁育区、矮化栽培示范区、林禽复合模式示范区、高秆栽培示范区、复合栽培示范区、品种资源收集区、良种采穗圃和林果两用示范区，实行林下种植、养殖相结合的生态、高效种养模式，堪称国内面积最大的早产园艺化栽培示范基地，并形成一条完整的种植碧根果的产业链。现每年生嫁接苗 1 万余株，可供一两年的市场需求，同时还可提供大量品种的苗接穗。江苏、云南等地客户纷纷前来采购幼苗等，公司种植碧根果的示范推广效果已初步显现。

我一个人种植碧根果的成功，不是真正的成功，甚至一个示范园区的种

植成功，都不是真正的成功；成千上万的农户踏上这条绿色致富之路，有几万亩甚至数十万亩的碧根果种植成功，那才是我们真正的成功。我的梦想是在常州高新区乃至全国大力推广种植碧根果的技术，带领种植碧根果的农民一起致富。

（记录、整理：吕洪涛）

“广玉兰”和“林克曼”，老常州人心中那段抹不去的回忆

□ 讲述人：王汝骏

王汝骏，原常州酿酒总厂副书记

“夏日，不少人的消暑娱乐活动就是约几个好友到路边摊，边撸串、喝啤酒，边吹牛聊天。于是，啤酒成了夏天的必备饮品之一。关于本土啤酒‘广玉兰’和‘林克曼’，很多老常州人心中都有一段抹不去的回忆，可惜这两个品牌现已淡出市场。”

喝一口冰过的“广玉兰”和“林克曼”，那叫一个舒畅

“广玉兰啤酒，常州的老牌子了。我记得小时候跟着爸爸去食堂吃饭，结果就被一杯啤酒弄醉了，真是一辈子的回忆。”“我家里还有10多年前买林克曼啤酒时附赠的酒杯。”在我市某网站论坛上，像这样的留言很多，网友们的字里行间充满了对那个年代常州本土啤酒品牌的怀念。

和这些网友一样，市民庄立刚对“广玉兰”和“林克曼”有着难以割舍的感情，他还专门收藏了这两种啤酒的酒标。

庄立刚回忆，20世纪90年代，他第一次喝“广玉兰”，觉得它的味道有些苦，没有其他啤酒好入口；但后来慢慢喜欢上了，就觉得其他啤酒有些淡，反而不如“广玉兰”好喝了。

“每年夏天，我都会买几箱啤酒放在家里。天气很热，冰过的啤酒一喝，

广玉兰啤酒获"江苏啤酒之花"奖

心情那叫一个舒畅。"除了买"广玉兰"，庄立刚还喜欢买"林克曼"。庄立刚回忆，20世纪90年代末，他去喝喜酒时，经常在酒桌上看到这两种啤酒。

"如今，在市场上都看不到'广玉兰'和'林克曼'了，但一到夏天，身边不少朋友仍偶尔会想起和谈论。"

其实，在"广玉兰"面世前，我市就有过生产啤酒的历史。资料记载，1958年，常州西门新桥益成米厂制造过啤酒，至1962年的5年里，共生产了480多万瓶。是年，农业歉收，原料紧缺，导致啤酒停产。

1975年，常州东风糖果冷食厂生产啤酒，至1980年，共生产啤酒313吨。其中，鲜啤287吨，瓶啤26吨。

1979年，江苏省轻工业厅决定把啤酒列为省饮料酒中的重要发展品种。经常州市政府批准，我市筹建啤酒生产项目，预计投资千万元，但一时资金筹措困难，难以决策。

得知消息后，厂领导向上级拟定了年产5000吨啤酒的设计任务书，这才有了我们厂生产啤酒的机会。我曾是常州酿酒总厂的副书记，我记忆深刻的是，正是那个机会开启了我们厂酿造啤酒的历史。

20世纪80年代初，主营造纸、酒精和白酒的企业开始生产啤酒

常州酿酒总厂在生产啤酒以前的主要业务并不是酿酒，而是造纸。《常州酿酒总厂志》记载，常州年产 5000 吨啤酒项目是从 1980 年开始的。当时，引进该项目的厂家是常州立新综合工厂，该厂就是常州酿酒总厂的前身，位于西仓桥附近，主要生产书写纸张、酒精、白酒。

1981 年，常州立新综合工厂增挂常州酿酒总厂牌子，原来的书写纸张制造等业务停止，主要业务变为酒类的生产。

以前，西仓桥附近算是常州偏远的地方了，随着改革开放的深入，城市范围不断拓展，对环保要求越来越高，我们企业面临转型。在此背景下，我们厂开始了啤酒的生产业务。

商标、取名，“广玉兰”和“林克曼”的背后都有故事

史料记载，常州酿酒总厂生产的啤酒在 1981 年面世，但资料中并没有记载啤酒品牌。

最早，我们生产的啤酒并不叫“广玉兰”，而是叫“常州啤酒”。一直到 20 世纪 80 年代中期，市面上销售的常州酿酒总厂生产的啤酒还都是“常州啤酒”。

“常州啤酒”的名字虽然在使用，却一直没有被批准为商标。因为当时国家已经出台相关法律法规，规定县级以上行政区划的地名不得作为商标。于是，我们就开始考虑其他商标。

1983 年，广玉兰被确定为我市市树，正为啤酒商标和名字而烦恼的常州酿酒总厂人找到了灵感。最终，经过讨论、上报，啤酒商标被注册为“广玉兰”。

而“林克曼”是在 20 世纪 90 年代初期出现的。当时，市场经济大潮涌起，常州市面上国外品牌的啤酒开始走俏，比如当时出现一种名为“贝克”的德

广玉兰啤酒做活动

国啤酒，该啤酒很快占领了酒店等高档场所，"广玉兰"的销售受到很大影响。于是，为了和国外品牌对抗，我们就筹划再打造一款高档、洋气的啤酒品牌。当时我们有好几个备选商标和名字，"林克曼"只是其中之一，最终"林克曼"注册成功。

"林克曼"的英文是"联系人"的意思，我们取这个名字也是有寓意的，就是想和消费者建立良好的联系渠道，更好地服务消费者。

20世纪80年代末、90年代初，经销商买"广玉兰"都要抢

20 世纪 80 年代以前，常州市面上虽然也有啤酒，但非常少见。那时候，常州人喝酒以白酒和黄酒为主。所以，我们在上马啤酒项目的时候，也面临很大压力。不少人认为我们一年生产这么多啤酒，常州市场根本消化不了。

为了让常州人更了解啤酒，常州酿酒总厂想了不少办法。除了在我市几大媒体宣传"液体面包"，我们组织的啤酒节成为市民了解和品尝本土品牌啤酒的好机会。

经过宣传推广，啤酒的销路很快被打开。20 世纪 80 年代末到 90 年代初那几年，到厂里来提啤酒的车子要排几百米长的队。那时候，啤酒的年产量

已经达到数万吨。

而且，这一时期工人的待遇不错，吸引不少人想方设法进厂工作。每年夏天，啤酒销售旺季的时候，厂员工拿的奖金在一众朋友里，肯定算是数一数二的。

20世纪90年代，广玉兰啤酒的公交车广告

啤酒市场不断洗牌，“广玉兰”和“林克曼”逐渐淡出市场

20 世纪 90 年代初期，常州市面上开始出现各种国外品牌的啤酒。到 2000 年前后，国外品牌凭借资本优势，开始在各大城市“攻城掠地”，疯狂收购本地啤酒品牌。

当时，各个地方的啤酒都受到了影响。苏州的“虎丘”、无锡的“太湖水”、镇江的“中泠”、启东的“大富豪”、南京的“金陵”，这些本土品牌都受到了冲击。苏州、无锡、常州三地的本土啤酒品牌后来被外资收购。

收购“广玉兰”“林克曼”不到一年，2003 年左右，外资方转手把这几个品牌卖给了“华润雪花”。之后，“广玉兰”和“林克曼”品牌虽然保留，但受公司生产政策等的影响，这两款本土品牌失去了往日的风头，最终在几年后淡出了市场。

（记录、整理：吕洪涛）

我参与组织了"常州小姐"比赛

□ 讲述人：沈毓昌
沈毓昌，"常州小姐"评选活动的策划和组织者之一

"曾记否，1993 年，改革开放的第 15 个年头，在常州泛起了一朵美丽的浪花，那就是首届'常州小姐'评选活动。活动有 602 位佳丽报名参赛，一时在全市传为佳话，并引起了市民的极大关注。经过近 4 个月 5 轮的角逐，最后评选出了 10 位'常州小姐'，得到了全社会的充分肯定和认可。后来，此次评选活动被载入了当年的《常州市志》。"

25年后，"常州小姐"再次相聚

时光荏苒，岁月流逝。25 年过去了，当年评选出的 10 位"常州小姐"现在在哪里？她们还是那么美丽吗？她们又会给我们带来什么样的思考？

2018 年 12 月 25 日晚，室外寒风凛冽。可是常州清潭院街的禾牛汇，却是热闹非凡，气氛热烈。25 年前评选出的 10 位"常州小姐"一个不少，欢聚一堂。当年风华正茂、青春靓丽的她们，现在虽已"奔五"，却风采依旧、美丽依然。

作为当年评选活动总策划之一的我，十分荣幸地应邀参加了她们的这次相聚。看到数十年未见的她们，我感到分外亲切，大家热情交谈，互致问候。

参加“常州小姐”评选的选手们

大家聚在一起，勾起了多少对往事的回忆……冠军得主王珏当年参赛时，表演的节目是用汉语和英语朗诵台湾诗人余光中的诗《乡愁》；而杨敏表演的是电视剧《西游记》里的民族舞蹈《女儿情》……当年，她们的表演如同一泓清泉，体现出一种略带青涩的纯净的美，让人印象深刻，历久弥新。

评选活动后，她们都归于平淡市井，并开始了各自的人生历练。她们的奋斗之路也和平常人一样，既有鲜花阳光，也有风霜雨雪，但总的来说都走得比较顺利。她们有的收获爱情，家庭幸福；有的经过努力，事业有成……目前，她们中有 2 人在国外生活，有 7 人分别在检察院、水利局、银行、保险公司及培训机构等单位任职，还有 1 位在为我市餐饮服务业的发展作贡献。但这些经历，在聚谈中无人炫耀，我都是从侧面了解到的。她们是那么矜持，那么洒脱。聚会中，她们摆着各种姿势，或合影，或自拍，传来一阵阵爽朗的笑声。

这时，她们的“花样年华（常州之花）”微信群的群主袁嬿讲话了。她在讲话中提议，为了给评选活动 25 周年留下些什么，准备出一本纪念相册。这一提议立即得到了大家一致的赞同。周炜立马拿出了一本预先准备好的空白图画本，让大家为纪念册写点什么。顿时，聚会现场安静了下来，有的开始思考自己该写点什么，有的在低声地商量讨论，有的已经拿起笔在本子上洋洋洒洒地书写了起来。

此情此景，不禁让我回忆起了25年前评选活动中培训和笔试时的场景。而现在的她们还是那么投入，那么认真。当场，我翻阅了一部分她们刚刚写下的文稿，文字不多，但含意深长，各具特色，并且好些都与自己当年表演的节目等联系起来了，让我既看到了她们当年的才气，更看到了她们现在的成熟。

聚谈正欢，由于第二天早晨我要外出办事，得提前离席。当我提出这一要求时，大家都不约而同地向我围拢过来，顿时我成了聚会的焦点和中心。我举杯向大家表示感谢和祝福后，由衷地向大家表达了参加今天聚会的感想："参加了今天的聚会，看到了阔别多年的你们，让我感到，当年把你们10位从600多位佳丽中选出来，评为'常州小姐'，绝对是评对了！"

25年前，佳丽们用她们的一泓清泉般的表演诠释了青春的美丽；25年过去了，当年的佳丽们踏着时代节奏的步伐，用各自的人生历练，将当年的一泓清泉酿成了一杯杯醇酒，使美丽得到了升华，让人赏心悦目，回味无穷。

报纸上一则启事牵动常州女孩子的"芳心"

"羡慕你，正处在丽质生辉的好年华；羡慕你，正赶上国门开放的新时代。参赛吧，展现青春的风采！参赛吧，展示自身的价值！"1993年4月20日，《常州日报》文化版上刊登了一则《关于评选首届常州小姐的启事》，牵动了常州女孩子的"芳心"。

当时，我是组委会的主策划。我印象深刻的是，短短15天的报名时间，想参赛的女孩络绎不绝。在20世纪90年代初，对普通市民来讲，选美是件很新鲜的事，消息一出来，在常州的街头巷尾刮起了"选美风"。

"常州小姐"选美活动由《常州日报》、常州人民广播电台、常州电视台、常州妇联等单位组织发起，旨在为常州企业提供更多高文化、高品位、高技能的公关礼仪人才。几大媒体对活动加大宣传，不少单位也动员起来。

但是，那时候人们的思想还不像现在这么开放。一开始，不少人持观望态度。报名第一天早上7点不到，常州工业技术学院的5名学生就在老师的带领下，前来亚细亚影城报名，拔得评选活动报名的头筹，引来新闻单位争相采访。之后，我市掀起了报名潮。

到5月6日，短短半个月，报名参赛者达到602人。最初，组委会预计报名人数在300人左右，没想到一下子超出一倍多！

而且，为了保证比赛的公正和公平，四家主办单位的员工一律不准报名参加。

要形象更要涵养，要外表更要知识，她们的培训内容超出想象

那时候的选美活动很有特色，要求参赛选手不仅长得好看，还要有知识、有文化、有修养。

当年为选手们准备的培训内容相当丰富，有时政、政治经济学、历史、美学、公共关系学、文学、礼仪接待……门类之多、涉及领域之广，都是超出想象的。

而且，授课老师都非常权威，既有当时市委党校、市委宣传部、市文联的领导，也有从南京高校请来的知名教授，既有健美协会和出版社的专家，还有全国知名的媒体人。

专家们深刻精到的讲解让这些年轻姑娘受益匪浅，很多选手觉得经过培训视野开阔了，头脑充实了，自信心更强了。

她们白天学文化课，晚上练仪态展示即模特步。两个小时的猫步走下来，相当于绕常州城半圈。很多选手感叹："回家后还要继续练习，那个累啊！"

选手们为了练习猫步，脚上都起了不少血泡。那时候没有创口贴，为了减少疼痛，她们就在高跟鞋里粘上棉花。

尽管辛苦，但大家的进步很明显。刚参赛时，她们还都很稚嫩；复赛后，就表现得非常自信了。

比赛要进行"真刀真枪"的考试，选手们说"考试很有小高考的味道"

我记得，初赛选形象和气质俱佳的美女，复赛和之后的比赛的重点就在于考察佳丽们的文化素养。

在预赛的基础上，复赛增加了语言接传和抽签答题两项比赛内容，既考选手们的知识面，又考应变能力，而四分之一决赛又增加了难度更大的即兴演讲。

我至今记得当时出题的情况：就拿笔试来说，邀请数十位专家级人物参与出题，每人出 50 到 100 道题；在此基础上，又特邀七八位专家住在招待所，让他们"与世隔绝"，在数千道试题中精挑细选，最后定题。考试"真刀真枪"，选手们都感叹"考试很有小高考的味道"。

正是因为组委会对此次选美活动严而又严、细而又细的审慎态度，众多外地特邀评委一致认同："常州小姐"的评选是高规格、高品位、高质量的比赛。

"常州小姐"评选半决赛

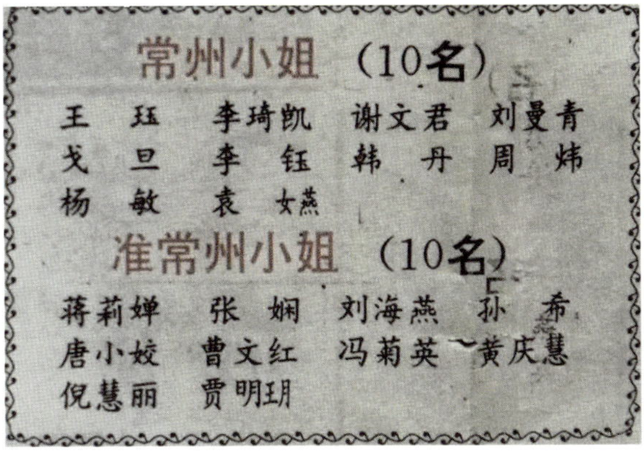

常州小姐（10名）

王　珏　李琦凯　谢文君　刘曼青
戈　旦　李　钰　韩　丹　周　炜
杨　敏　袁　嬿

准常州小姐（10名）

蒋莉婵　张　娴　刘海燕　孙　希
唐小姣　曹文红　冯菊英　黄庆慧
倪慧丽　贾明玥

丨当年报刊刊登的“常州小姐”评选结果

经过学习和考试，不少姑娘表示，参加比赛学习到不少知识，感觉自己由内而外“脱胎换骨”，素质提升了一大截，也让自己更明白了什么样的女性才是真正美丽的。

选手们在学习中相互促进，共同提高。当时溧阳一位小姑娘报名参加比赛，因为离家远，回去不方便，王珏就主动邀请她住到自己家里。

比赛结束后，“常州小姐”各奔东西，再聚首，她们美丽依旧

现在应该还有不少人记得 1993 年 7 月底的那场电视直播，直播里，常州佳丽们在台上展示风采，把“常州小姐”评选活动推向了最高潮。

那时候，全城人都在讨论这场选美。在常州，很多都是全家人一起看比赛直播的。

经过激烈角逐，10 名最后优胜者浮出水面，被评为“常州小姐”。她们有教师、银行职员、大中专学生、护士、工人、机关干部等。

一轮轮培训、比赛的历练改变了不少选手的命运。有人从幼师成为知名主持人；有人创业，投身商海；还有人到大城市，甚至到国外发展。

2018 年，时隔 25 年，“常州小姐”首次“合体”，大家聚在一起就像家人一样，特别亲切。她们说，岁月流逝，不变的是当初参加选美比赛时的初心。

时隔多年后，"常州小姐"再聚首

王珏，评选结束后的一年多时间，一边在学校执教，一边在电视台做嘉宾主持，后随男友赴新加坡结婚，现定居澳大利亚。

袁嫣，大赛结束后，曾和男友一起到深圳闯荡，回常州后到机关工作。

谢文君，从事餐饮行业，并打拼出一片天地。

刘曼青，曾到新加坡发展，后回到常州创业，在教育培训行业打拼。

杨敏，评选后仍在原单位上班，兢兢业业，勤勤恳恳。

李钰，参赛时还是一名学生，后来创业，投身商海。

韩丹，曾任我市某大型集团公司企划部部长，后来定居澳大利亚。

李琦凯，评选后下海经商。

周炜，一直在银行工作。

戈旦，评选结束后成长为市检察院业务骨干，现为检察官。

（记录、整理：吕洪涛）

“贵族水果”已经走进大众果盘

□讲述人：陈　红
陈红，常州永旺果业负责人

“这两年，每到春节前后，车厘子都是水果界当之无愧的网红水果，‘车厘子自由’也是人们最爱讨论的话题之一。尤其是2021年初，车厘子价格大幅度跳水，再次成为热议焦点。其实，20年前，市场上刚出现车厘子时，它的价格令人咋舌，一斤至少百元，是人们公认的‘贵族水果’。如今，随着市场经济的发展，‘贵族水果’已经走进大众果盘。”

20年前，车厘子别说试吃了，连碰都不能碰

我是凌家塘农副产品批发市场最大的车厘子批发商——永旺果业的负责人，在该市场已经卖了近20年的车厘子。

我最早见到车厘子是2002年春节前，地点是在无锡一家水果批发市场。一问价格，我吓了一跳：“一箱10斤，进货价都要1000多元。”

抱着试试看的心态，我进了十几箱货，几天时间才把货卖光。就这样，我开启了销售车厘子的道路。

我记得，一开始很多人不知道这种像樱桃一样的水果叫什么名字。那时候的车厘子金贵得很，样品大多被透明的塑料罩罩着，显得非常特别。

令我印象深刻的是，有一次在南大街，我看到水果摊上有车厘子卖，就想去问问价格。我刚想去揭开罩子，马上被店老板拦住：“不要的话，不能碰。”

老板告诉我，车厘子100多元一斤，吃一个就要一两块钱，绝对不能试吃，不能碰。

那时候车厘子绝对是奢侈品，普通老百姓是根本不会买车厘子来吃的。当时，人们的生活水平还不像现在这么高，很多人连普通水果的“自由”都没有实现，更不要说随意购买这种高档水果了。

最早，常州是车厘子的三级市场，每次拿货就和打仗一样

车厘子刚刚出现在市场上时，销售的商家并不多，只能偶尔在大型水果店里看到，一些小店根本看不到车厘子的影子。

车厘子刚开始出现的那几年，常州还只是三级市场。那时候，常州人基本上拿不到一手货源，即便是有实力的批发商，拿到的车厘子也是二手货。除了无锡，有些经销商还经常到上海、广东等地拿货。

最初的那两年，车厘子因为价格高、消费群体单一，出货较慢。印象最深的是，第一年我只卖掉了50斤的车厘子。后来，随着市场的发展，销量才慢慢上去。

之前的十几年，车厘子价格一直居高不下的重要原因，除了物以稀为贵，再一个就是运输成本高。

最早，智利、新西兰等地的车厘子销售到国内的数量不多，再加上空运，车厘子的售价在水果界一直都是最高的。那时候，虽然上级经销商给下面每个分销商设定好了配额，但为了能尽快拿到货，我们每次去机场拿货都像打仗一样。

车厘子的货源少、价格高，但终端的消费者大多比较“豪气”。那时候消费车厘子的大多是“有实力的人”，他们一买就是几箱，然后囤起来。主

要原因一个是货少，怕买不到，再一个就是怕涨价。但现在不同了，车厘子多了，一天一个价，而且越来越便宜，没有谁会急着抢购、囤货了。

近年来，大经销商纷纷对接一手货源，有的直接在智利承包果园

起初几年，常州的车厘子销售一直受制于人，由于都是从中间商那里拿货，价格也比其他地方高一些。

常州车厘子的价格开始下降始于 2012 年，因为从那一年开始，常州不少有实力的经销商开始直接对接国外的卖家，拿到的都是一手货源——没有中间商赚差价，车厘子的价格开始往下走了。

丨永旺果业在智利承包的果园里，车厘子挂满枝头

丨永旺果业在智利的车厘子分拣和包装车间

2018年，我们扩大和智利经销商的合作，通过代销或直销的方式，开始通过海运整柜整柜地从当地购进车厘子。如今，一个货柜15吨车厘子，一天就可以在凌家塘农副批发市场上售完。

成本上，海运比空运降低了不少，这直接拉低了市场上车厘子的售价。近年来，每年11月底到12月，为了抢鲜，很多经销商仍选择空运车厘子。这一时期的车厘子价格要比后面海运的车厘子价格高出一倍，所以很多消费者会有短期内车厘子价格越来越低的感受。

随着车厘子市场的火热，国内一些经销商除了和智利当地经销商合作，还有不少人直接到智利去承包果园。我就在多次赴智利考察后，在当地承包了2000余亩的果园，种植车厘子、西梅等水果。

每年，智利聚集全世界不同的人来做车厘子生意。其中，智利八成的车厘子都销往了中国。就这样，智利车厘子的种植面积越来越大，市场上货源越来越充足，价格也随之下降。

车厘子的价格会越来越亲民，成为春节大众水果

由于价格较高等，车厘子一直被经销商视为风险较大的一种水果。它不仅怕磕磕碰碰，还怕雨雪天气。像2020年春节前，连续几十天的雨雪天气，再加上新冠肺炎疫情的影响，给很多车厘子经销商造成了损失。很多经销商的直接损失都在四五十万元，而我的损失更大，接近500万元。

现在过春节，车厘子成最火水果

如今，车厘子已经成为大众水果

尽管如此，我们很多水果经销商对车厘子的未来仍旧看好。近 20 年时间里，我的店里车厘子的年销售量从零起步，现在已经达到了数百万吨。市场上车厘子多了，价格也就随之下降了。以前，买一斤至少要花上百元，现在在水果店花二三十元甚至更低就能买到。

今天，车厘子已经成为常州老百姓过春节的必备水果和大众水果。未来，它的价格还会下降，越来越多的老百姓会吃到更好、更便宜的车厘子。

（记录、整理：吕洪涛）

的确良记忆——我在常州合纤厂工作的日子

□ 讲述人：赵东庆
赵东庆，原常州合成纤维厂职工

“在‘工业学大庆’‘中小城市学常州’‘小桌子上唱大戏’的20世纪七八十年代，常州合纤厂作为全市化纤一条龙的龙头，为全市争光，为全省争光，在全国的小化纤发展史上留下了浓墨重彩的一笔。”

我在常州合纤厂工作近40年，见证了它的发展

我于1968年进入常州合成纤维厂（以下简称“常州合纤厂”），2006年从该厂退休，在厂从事职工教育30余年。我退休时，常州合纤厂改制为上海华源股份有限公司常州化纤公司。

1995年12月18日，常州合纤厂与中国华源集团、江苏省纺织集团总公司共同出资组建常州华源化学纤维有限公司。其中中国华源集团占股51%，常州合纤厂占股46%，江苏省纺织集团总公司占股3%。

1996年6月，与中国华源集团联合上市组建上海华源股份有限公司常州化纤公司。2000年，该公司实现股权“三合一”，成为上海华源股份的全资分公司。

当时，常州化纤公司总资产近4亿元，年生产涤纶长丝3万吨、差别化聚酯切片5万吨。同时，公司也是省工商银行特级信用（AAA）企业、中国

| 20世纪七八十年代，生产形势大好，车间工人的脸上洋溢着笑容

进出口商品质量认证中心 ISO9001 质量体系注册企业。

谁能想到，就是这样一个全国高新技术百强企业，在我1968年刚来报到时，竟然还只是一个小小的合成纤维厂筹建处，厂房极其简陋，连个像样的厂大门都没有。一条狭窄的弄堂两旁都是低矮的民房。篱笆竹门外，是环卫所的两座小山似的垃圾堆，不了解情况的，还以为这是工厂生产用的原料哩！

经过重重困难，常州合纤厂终于成立

当时的接待人员介绍，该厂是 1966 年 4 月 10 日经江苏省计委批复筹建的年产 100 吨棉型涤纶短纤维、连续纺丝的工厂，47 万元的总投资，55 吨钢材，定员为百人，是全市十大重点项目之一。

1966 年 5 月，来自粮食系统、纺工、化工及蔬菜农场等 40 多个单位，号称“一百零八将”的员工们开始在原油脂化工厂 600 多平方米的肥皂车间“安营扎寨”。

经过 2 年多的外出培训，工厂尝试生产，设备制造、安装、调试……从自制螺杆切粒纺丝，到逐步由塑料螺杆挤压机替代。

1968 年 7 月正式投产，10 月正常纺丝。

1969 年，工厂生产了涤纶纤维 90 多吨，实现了全市人民自力更生生产“的确良”的愿望。为了解决工厂原料问题，不搞“无米之炊”，1970 年，全厂职工以“革命加拼命，拼命干革命”的精神，“七拼八凑，七手八脚，七嘴八舌”土法上马，群英大会战，建成二甲酯车间。

1970 年 11 月 24 日，《人民日报》第四版登载了江苏省革委会、轻工业部、新华社记者、《人民日报》通讯员署名的《自力更生土法上马，发展小化纤》一文，报道江苏省建设小型化纤厂的故事。

同年 12 月 31 日，中央新闻纪录电影制片厂来厂拍摄小化纤从原料到成品的生产纪录片，历时 3 天。随后，全国各省市兄弟单位纷至沓来，江苏省乃至全国很快掀起了小化纤热。

常州合纤厂作为全市化纤一条龙的龙头，留下浓墨重彩的一笔

在“工业学大庆”“中小城市学常州”“小桌子上唱大戏”的 20 世纪七八十年代，常州合纤厂作为全市化纤一条龙的龙头，为全市争光，为全省争光，在全国的小化纤发展史上留下了浓墨重彩的一笔。

当时我厂已有职工 334 人，为了进一步提高职工队伍文化技术业务素质，根据 1978 年国务院 8 号文件《关于加强职工教育的决定》，对职工进行文化补课和初级业务技术补课，我被抽出专职搞职工教育。

20世纪80年代，常州合纤厂俯瞰图

到 1983 年底，我们先后开办初中、高小文化班和熟练工、关键岗位、技工技术班，进行文化补课和技术培训。其中，初中班 213

人，高小班59人。经过学习培训，文化补课对象213人及格199人，合格率达93%；技术补课对象198人及格181人，合格率达91%。

20世纪80年代中期，常州合纤厂生产车间

全员学习培训促进了职工队伍素质的全面提高和企业经济效益的提升。在1985年省第一届合纤长丝操作运动会上，我厂青工荣获牵伸全能第一名；二人分别获低弹全能第一、第三名；二人头尾相接单项并列获低弹全能第一名；一人获高速生头单项第一名；三人获评省操作能手。1985年与1984年相比，常州合纤厂总产值增长64.75%，达7489万元；利润增长169.1%，达957万元。同年，经过市职工教育管理委员会验收，工厂“双补”合格。

依靠科技进步，深化内部管理，狠抓岗位培训，常州合纤厂取得骄人成绩

企业的竞争，归根结底是产品质量的竞争，是科技与人才的竞争。而这一切，靠的是智力投资、“教育先导”。1984年，常州合纤厂成立教育科，全面负责工厂职工教育，努力提高全厂职工思想政治和文化技术水平。

至1994年，我们先后组织全厂职工进行“社会主义初级阶段党的基本路线”“热爱社会主义祖国”“深化改革、扩大开放、搞活企业”及普法教育等政治轮训，培训率达93%。其中，中级工培训达395人次；电工、维修工培训154人次；中级工培训47名电工、24名维修工，全科合格；关键岗位360名操作工培训合格；高级工培训5人，全科合格。

同时，我厂全面开展质量管理基本知识教育，全厂821人次参加全国、省电视学习统考，培训率70%，平均成绩92分。上岗前及转岗培训379人次，班组长培训262人次，均取得培训合格证。举办各类微机、财会、营销等适应性培训76期，参加学习3817人次。继续工程教育10个班，参加学习165人次。联办“机电一体化”中专班，30人毕业，取得证书。组织化纤职高班学习，经全市统考，56人毕业。组织48人参加省高等自学考试，8人毕业。

随着企业的不断发展和员工素质的日益提高，到20世纪80年代，工厂涤纶短纤维生产能力年产3000吨，涤纶长丝生产能力年产2000吨。1984年，茶花牌涤纶纤维被评为江苏省优质产品。

1991年，常州合纤厂全厂职工1213人，实现总产值1.57亿元，产品销售收入1.41亿元，利税2688.8万元，在全省545家纺织厂中名列前十。

能取得这些成绩，其中一个重要原因，就是工厂坚持“科学技术是第一生产力”，这是依靠科技进步，深化内部管理，狠抓岗位培训的结果。

当时工厂引进高速纺涤纶长丝设备，我们举办“新型纺丝技术与差别化纤维”“化纤工艺”“质量成本核算”等各类培训23期，培训1862人次；举办“化纤发展趋势、新合纤技术及其运用”等讲座培训12期，培训790人次。1985年至1992年，工厂连续七年被评为市职工教育先进集体。

常州合纤厂加入华源集团，产品畅销国内外，后随着市场变化，企业关闭

自从1996年常州合纤厂加入华源集团，企业有了长足的发展。工厂生产规模不断扩大，经济效益稳步增长。2002年，公司实现利税12039万元。尤其在2001年全行业亏损面达90%的情况下，公司仍实现利税3043.5万元，在全国化纤行业名列前茅。

科技创新成效显著。公司通过制定和实施差别化战略，使产品差别化率从原有的20%提升到86%，差别化产品创利达到总创利的80%以上。在

2001 年华源集团科技大会上，公司荣获“科技开发先进单位”称号，5 个产品分获科技成果二、三等奖。

公司涤纶低弹丝、涤纶牵伸丝、涤纶低弹网络丝等产品分别获评国家优质产品银奖、部优产品、省名牌产品。产品畅销全国各地，并出口多个国家和地区。

我退休前，公司有职工 1182 人，专业技术干部 112 人，高级职称 13 人，中级职称 40 人，初级职称 71 人，技师 16 人。主产品涤纶长丝主要用于服装，也可用于装饰窗帘、床罩、沙发罩、汽车内装饰等；工业用丝，主要用于汽车轮胎、帘子线，运输带、水龙带、土工布鞋等。

如今，人民的生活水平有了很大提高，当年风光挺括、时髦摩登的的确良不再适应市场需求，公司也在 2007 年因经营不善等诸多因素关闭。

退休后，搜集常州合纤厂的老资料，撰写相关文章，成了赵庆东最大的爱好

原来的老厂已经变成五星智造园

（记录、整理：吕洪涛）

凡有店肆商铺的地方，都有闪亮的店招

□ 讲述人：季全保

季全保，常州著名民俗专家

"近代以来，常州工商业发达。尤其是改革开放后，常州成为全国有名的工业明星城市和全国中小城市学习的样板，被誉为'苏南模式'的发源地。那时候，随着常州工商业的日益发达，店肆商铺越来越多，门口的招牌也开始增多，成为那个时代经济发展的见证……"

20世纪七八十年代，市面上的店面招牌开始多起来

近年来，我一直在关注常州招牌的变化，30 年前常州招牌的爆发式增多和常州的经济发展密不可分。

20 世纪七八十年代，常州的店面招牌（简称"店招"）开始多了起来，但大部分是手写的字招。

十一届三中全会后，改革开放的浪潮席卷全国。20 世纪 80 年代中期，常州已经崛起为以轻纺为主，拥有机械、电子、化工、医药、塑料、服装、建材等多种产业的新兴工业城市。常柴牌柴油机、东风牌手扶拖拉机、金狮牌自行车、红梅牌照相机、荷花牌灯芯绒等常州名牌产品已经闻名中外。当时有人这么形容常州："穿名牌衣料，盖名牌面料，骑名牌车子，背优质照

相机，拎优质录音机，家里还放着一台幸福牌电视机。”

与此同时，常州还创建了迎春市场、西新桥市场等农贸市场，市场经济日益活跃。在此背景下，常州市面上的店肆商铺越来越多，不少有文化的老板开始找名人书写招牌。

有一位老人写了500多幅店招和700多个路牌

2021年5月初，由市民俗学会编写的《常州民俗文化丛书》第四辑六本书首发，其中一本就和招牌有关。

该书的名字为《周子青市招与招幌民俗》，编者为周源和何嫄。这本书详细介绍了著名书法家周子青在20世纪七八十年代写市招的往事。

中粮酒家、大世界酒家、清凉饭店、月雅餐馆、穿月楼菜馆、南园饭店、鼎盛楼、鸿运商场、常州市机电设备公司、常州市第一人民医院、常州市第三人民医院、常州市第二中学、常州市清潭中学、永明果品商店、常州市社会学学会、国营横山药店……《周子青市招与招幌民俗》一书收集了几百幅周子青所写招牌的照片，这些市招既有饭店和商场的，也有企业和医院的；既有商店和中学的，也有协会和药店的。

店招是历史文化的写照

据统计，周子青在晚年共写市招500多幅。在他1988年11月2日去世后，他的后人到各地拍摄他写的字招200多幅。我记

常州市第一人民医院的招牌

鸿运商场的店招

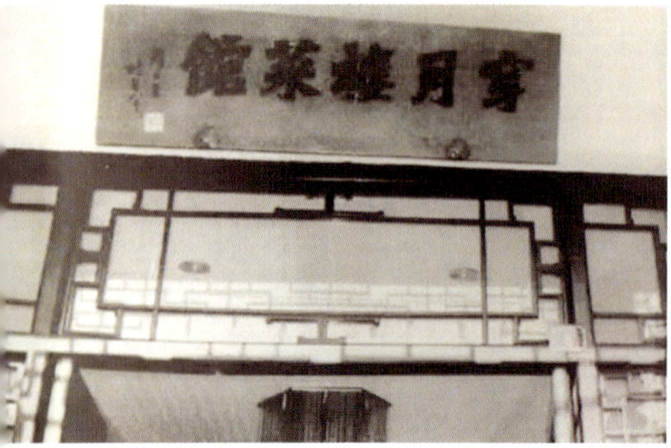

老穿月楼菜馆的店招

得，当年，周子青的市招遍布龙城，成为当时市面上一道亮丽的风景线。

此外，不少路名、路牌和桥名，也都是周子青所写的。据周子青日记，1979 年 8 月 21 日到 12 月 15 日，他受市公安局和常州搪瓷厂所托，共写大路牌 646 张、小字牌 134 张，约计 4000 多字。

市招要经得起考验，这需要书者有魄力

早年制作招牌，一般都要先写成大字，再按照原样复描上去。后来有了照相成像技术，靠放大字样而做成店铺招牌。当时，也有直接书写招牌的，但不多见，像周子青老先生就经常直接书写。

著名作家郑逸梅曾这样评价周子青所写店招的书法艺术：“市招煌煌奕奕，在众目睽睽之下经得起考验者，非有绝大魄力不行。”

所以，我认为，常州书法家很多，但并不是每一位书法家都适合写大字，适合写招牌。周老写书法以魏碑见长，兼擅隶、篆及行草，他的书法苍古雄厚，写出来的招牌很受大家的喜爱。

常州书画家章晓郁对常州的招牌也有所研究。他说，以前请书法家写店名和招

牌是十分流行的做法。无论是民国时期，还是20世纪七八十年代，市招做得是否气派，店名书写的好坏，往往能看出这个店的大小实力。

德泰恒菜馆的老店招

章晓郁认为，常州近代有名的书法家很多，但擅写招牌的很少。清末民初，写市招店名，常州有名的是唐驼，他为商界写招牌市招，不仅名扬常州，更是红遍上海。后来，20世纪七八十年代，常州城内大大小小的店名招牌多出自周子青老先生之手。至今，常州城内还能经常看到周子青写的市招。

钱小山、孙江天、阙长山等人写的招牌也不少

近年来，我对不少老店的店招特别留心，印象比较深的是马复兴和德泰恒的店招。

印象中，老马复兴面馆原先在南大街双桂坊的西头，店招用唐代字体，唐味十足，苍劲有力。这几个字大家一看，马上就会想起“马复兴吃点心，大光明看电影，人民公园谈爱情”。

德泰恒除了邀请周子青写店招，还曾邀过刘海粟写。我记得邀请刘海粟写店招是在20世纪80年代。当时，老板请他写五个字：德泰恒菜馆。但刘老没答应，只写了“德泰恒”三个字。

老银丝面馆的招牌也和周子青有关。20世纪40年代，银丝面馆位于市中心南大街中段，因为面的味道好，名气越来越大。但是，这个店一直没有一个响当当的店招。20世纪七八十年代，银丝面馆旁边有一家名为桃李春的

饭店，店招就是由周子青书写的。银丝面馆老板觉得写得很好，便也请了周子青老先生写店招。

常州市面上除了周子青的店招，有些还出自钱小山、孙江天、阙长山、许子平等人之手。进入20世纪90年代以后，包括我在内，凌文铨等书法家写的店招开始多起来。

但是，随着时代的进步，这种用书法的方式书写的市招渐渐少了。要什么字体什么样式，直接从电脑里取就可以了。而且，再佐以各种材料、灯光，真是琳琅满目。慢慢地，这种传统写市招的风俗只能留在人们的记忆中了。

招幌除了物像的，还有声音的

"招幌"是"招牌"和"幌子"的复合式通称，是旧时工商及其他诸行业向社会宣传经营内容、特点等信息，以招徕生意的标志性广告方式。

招牌和幌子均属符号学范畴中的视觉传播，从民俗学看，它们都属于"物像"。还有一种以招徕生意、吸引顾客为功能特点的贸易市声，是"招幌"中另一类商业招徕标志。招幌市声源远流长，古今招徕市声，主要分为叫卖吆喝声、韵语说唱市声、器物音响市声和现代有声广告四种基本类型。

常州有不少叫卖吆喝至今让人记忆犹新："甜白酒伐甜白酒，双桂坊格甜白酒""磨剪子嘞，抢菜刀""栀子花，白兰花""甜是甜，香是香，两百洋钱卖的抢"……

（记录、整理：吕洪涛）

鼎恒元的历史拼图

□ 自述人：曹　恺

曹恺，艺术家，外祖父顾幼良曾是鼎恒元的老板

“对我而言，鼎恒元确实是一个传说，我从未亲眼得见——它是半个多世纪前尚存于常州北门的一个老字号酿造坊，由我的曾外祖父顾子纯创立于清末，并由我外祖父顾幼良一直经营到新中国成立后，才泯于20世纪50年代的公私合营社会主义改造运动。”

一

20世纪70年代晚期，我尚年幼之际，每到寒暑假常寄住在常州北门的外祖家。外祖母有时会差遣我跑腿——“到鼎恒元去拷一角洋钱陈酒来！”

我说的鼎恒元，是指北直街上一家破败的酒酱店，那店位于青山桥桥南，店面不大，也就两间铺门面，朝西横着一架肮脏的案板，排着几个盛着酱、辣糊、腐乳的深色钵头；两节简易玻璃柜台，后柜挂着几个大小各异的竹制提吊；柜台内侧立着好几个不同色泽的黄酒瓮头。店堂里一应器具家什都有年头了，显得有些灰暗，而且永远散发着一股酒酱店特有的酸味。

当时，我一直不明白，这家酒酱店的招牌上明明是写着“中华酿造厂第一门市部”几个黄底红字的蹩脚美术字，为什么家里的长辈却总是习惯性地称之为“鼎恒元”，甚至在某些时候，我还常被街坊邻居们冠以“鼎

20世纪30年代末期的顾幼良

公私合营时期的顾幼良

恒元顾家的外孙”这样的称谓。

对我而言，鼎恒元确实是一个传说，我从未亲眼得见——它是半个多世纪前尚存于常州北门的一个老字号酿造坊，由我的曾外祖父顾子纯创立于清末，并由我外祖父顾幼良一直经营到新中国成立后，才泯于20世纪50年代的公私合营社会主义改造运动。

二

鼎恒元的槽坊旧址，位于常州北门青山桥南的北直街，离北城门（青山门，现已湮灭）不远，这一带是进出城必经之路，店铺林立，颇为繁华。

鼎恒元的店面开间并不大，进深却颇可观，前店后场，后边直通加工粮食原材料的砻坊——有一个鲫鱼背式的大晒场，近一亩地，也可供临时寄存、仓储。槽坊每日拂晓即开张，赶早市，午后生意稍清淡，店员均轮换午休，并可每日享饮黄酒二两。

除了前店后场的传统模式，鼎恒元另有一个颇具规模的酿造工场，占地有两亩多。工场在离店铺不远的四家弄南，前门开在北直街上，进去后要穿过一个堆放原材料（糯米、糙米、面粉、麸皮、黄豆等）的栈房（栈房的门卫叫作“戆伯伯”，他是顾家的一个姑表远亲，世居唐家湾），里面就有一个很大的园子，一半泥地一半砖地，到处摆放着晒酱用的阔口酱缸——这就是俗称的“酱园”。

园子左首有一道围墙，隔开了墙外几排东西朝向的老式平房、一幢中西合璧的新式砖木楼房和七间朝南的新式平房（均附设有西式卫生盥洗间）——那是顾氏两房兄弟的私宅寓所；右首的一排朝北平房是成品仓库，堆着许多包裹着草包的密封酒瓮；园子最里处有数间竖着烟囱的平房，立着一架机井（俗称“洋井”），那是酒作坊，终日烟雾缭绕，工人们十分忙碌，若是逢到踩曲这样的特殊日子，做酒师傅们都是脱得浑身赤条条的“做生活”，只挂一丝——光腚在私处兜一块白布而已；酒坊旁就是酱园的后门了，门外直达小火弄，一条青皮弹硌路面的弄堂。

以上的场景是来自数位长辈不同口述的拼图，基本呈现的是20世纪50年代初鼎恒元在公私合营前的最后景象。

曹恺幼时和外祖父顾幼良的合影

曹恺收藏的鼎恒元酒缸

三

鼎恒元老字号由顾子纯创立于20世纪初叶（具体年代失考），顾早年曾供职于上海轮船招商局等洋务机构，虽是旧学出身，却见过世面，所以行事一直具有某些海派作风。晚清末年，他去职回乡后不久，即筹办了鼎恒元。

《常州市志》记载，清末，较有影响力的酱园有鼎恒元（慎记）、泰记恒、公记祥、乾大顺等。鼎恒元的初始资本有三股，"三足"为"鼎"，是为"鼎恒元"字号原意，有时也被写作"鼎恒源"。

三家老股东分别是顾氏（四家弄）、谢氏（中玉带桥）、蒋氏（天王堂弄），都是北门街上老门老户的家族——顾、谢二家是历代世交，从顾子纯与谢钟豪始，由顾幼良与谢仁桦至今，已历四代，延续近百年；顾、蒋二家有某种姻亲关系，顾幼良与蒋瑞联之妹自幼定亲，未及完婚而少女早夭，但双方家庭一直以亲眷称呼往来。

其时，鼎恒元槽坊除了北直街总店，还设立了两家支店，东号位于千秋坊惠民桥（小河沿南，现已湮灭），西号位于西门吊桥。

在1928年版《武进年鉴》所录的在实业名录中，记载如下：鼎恒元槽坊（总店），经理顾子纯，开设武进市北直街277号，电话198；鼎恒源槽坊（支店），经理朱春阳，开设武进市千秋坊88号；鼎恒义槽坊（支店），经理陈润德，开设武进市西城门口6号，电话478。

支店只从事零售批发而不事生产，由总店的酿造坊统一供货，除酒酱外，也售卖油盐。鼎恒元所产酒酱均附有"慎记"标贴，这一名称来源已迷失不可考。

顾子纯为人通达，而又向来热心于酒酱行业的公益事业，积极参与同业公所的建立。《常州市志》记载，1917年7月，酒酱业鉴于"向无统系"，故而重建公所，以求统一。

顾子纯在晚年所做的一件重要工作，就是在西门怀德路上主持建造了酒酱公所，使得原来驻于仁育桥（化龙巷南口，现已湮灭）的同业公所有了固定会址。

而顾本人也一直在本邑工商会中代表槽酱业出席，在1926年版《武进年鉴》里，记载了当时代表槽酱业的六家老字号：顾子纯（鼎恒源）、屠公覆（泰记恒）、高永霓（公记祥）、江上悟（江万聚）、诸永生（恒源隆）、韩梅生（源丰永）。

其中，江万聚和恒源隆都是当时常州槽酱业的著名老字号，均有百年以上历史。后起的鼎恒元，因经营有方、规模扩大，已隐然可跻身其间矣。

四

顾子纯生卒年代不详，大致去世于 20 世纪 30 年代初，鼎恒元作为遗产由长子顾幼良与次子顾少鸿继承。

顾少鸿少年起即任职于本邑钱庄和银行，颇具经营才能。约 1933 年，顾少鸿在游历镇江、扬州途中见识到了镇江香醋，从中看到商机，他回常后即开始招聘作头，筹建醋坊，拓展了鼎恒元的生产品种，其生产的香醋在本城占有相当市场。只可惜他于 1939 年因病早故，时年仅 31 岁。

鼎恒元自创立之初，即一直由大股东顾子纯任经理，后又有陈润德任总店协理，陈精明干练，与顾似有师生之谊。

父、弟先后过世后，顾幼良全面接手了鼎恒元生意，他早年在上海的教会学堂接受西学，通英文，原本应从事邮政职业，却阴差阳错回乡接管了这份家族产业。

与其父相比，顾幼良身上的文人逸士气质更重。他虽是鼎恒元大股东，却只任协理，而由陈润德任经理主管经营——这也是顾子纯生前的安排。

1940 年前后，时世动荡，蒋、谢两家先后退股，陈进而成为新股东。抗战胜利后，鼎恒元的生意经营进入了全盛时期，除却北门总店规模扩大外，在原有两家支店的基础上，又增设分号两处。而在作坊生产方面，除却原先的酱园、醋坊、酒坊，砻坊的生产规模也得到了扩大。

酱园生产的繁忙时节主要在夏季，豆料蒸熟加曲发酵后，要入酱缸置于酱园露天晒场，经烈日曝晒而成酱，再将之压榨沥得酱油。入秋后，鼎恒元主要的活计就转到了酒坊，传统的黄酒制作工艺比较复杂，浸米、蒸饭、晾饭、落缸、开耙、发酵、煎酒等前后工序近十道。

旧时酒坊里，作头起着非常关键的作用，负责所有的统筹安排和技术细节，相当于车间主任和总工程师的合体。

鼎恒元早年的酒作头名叫史林宝，他能制作曲酶并控制酒的度数，十分能干，当年每到斋酒仙或踩曲这样的重要日子，东家都要专门整治素席以待之。

酿酒、制酱的基本生产原料是大米、黄豆，鼎恒元通常经过水路直接从武进乡村购进未经脱壳加工的上好稻谷。将稻谷碾轧脱壳加工的手工业作坊，就是砻坊。鼎恒元的砻坊一直颇具规模，1949 年后，与他人合股而独立门户，发展成为庆丰米厂。

五

从多位长辈不同方向的口述中，其实并无法得到我的外祖父顾幼良在 1949 年后的完整拼图，一个可以粗略勾勒的形象是：他作为一个讲究传统规矩和遵循制度等级的老派商人，实诚到几乎刻板，一贯信赖共产党政策，内心真诚拥护社会主义改造——虽然，他本人被归类为资产阶级，其实是运动的改造对象。

1953 年底，开始实行粮食统购统销政策，其中重要的一条，就是严格控制粮食市场，严禁粮食自由买卖，这对以粮食为生产原料的私营酿造坊的打击是致命的。鼎恒元的作坊生产和门面经营都因此受到了极大影响，各方面经营每况愈下。顾幼良作为具体经管的业主，费尽心思而只能勉力维持，如此苟延残喘了年余，公私合营已是势在必行。

1956 年初，常州市掀起社会主义改造高潮，私营工商业纷纷列队向政府申请公私合营。在不到一个月的时间里，全市资本主义工商业完成了全行业公私合营。作为酒酱业的私企，鼎恒元亦顺应了这一历史性的变革。

1月19日，常州市3万多人在北门体育场举行了集会，庆祝社会主义改造成功，鼎恒元的股东、作头、师傅、店员一起参加了大会游行，顾幼良更是亲自带头敲锣打鼓，不遗余力——这一历史图像迄今存于许多老人的记忆中。

公私合营后，鼎恒元被拆分为三：

其一，酱园槽坊与业内其他槽坊合并，成为中华酿造厂的部分前身。《常州市志》载，1956年公私合营后，震新、鼎恒元（慎记）、源余、德泰永、源大成等24家酱园经合并后归口市蔬菜食品杂货公司领导……1958年，震新酿造厂等企业合并成立常州酱品综合工厂，鼎恒元酱园并入中华酿造厂。

其二，总店门面继续保留，零售酒酱醋，后为中华酿造厂第一门市部。《常州市志》载，1963年7月，鼎恒源、同泰丰、震新、德太永4家酱园店分别归属中华酿造厂、常州酱品厂领导，作为工厂的零售门市部。

其三，砻坊，即扩大后的庆丰米厂，因近粮食原料产地，被迁往武进西夏墅。顾幼良即被安排在此担任粮库会计工作，每周往返城乡一次，直至退休，后病故于“文革”期间。酱园的作坊设备被拆除迁移后，鼎恒元原址的工场房屋都被收归国有，成为居民大杂院。

我迄今还留存着些许20世纪70年代时酱园遗址的印象：干裂的泥地、破损的砖墙，荒草丛中倒扣着几只硕大的旧酱缸，有一只残破的酒瓮被放在某处墙角，盛着半瓮肮脏的雨水…… 20世纪80年代末期，北直街拆迁改造工程开始实施，青山桥下的鼎恒元总店被拆，四家弄顾氏私宅亦被彻底拆毁，其南侧的酱园旧址也同遭拆毁，至此，老字号鼎恒元的最后几处遗迹都随之荡然无存焉。

（记录、整理：吕洪涛）

参考资料：1.戴绍荪遗稿：《兰陵顾氏纪概略》，未刊手稿。2.顾念祖所著回忆录，未刊手稿。3.顾念怀所著文章：《追忆伯父顾幼良先生》，未刊手稿。4.顾念训、顾念胄、顾念劬口述记录稿。5.常州市地方志编纂委员会编，《常州市志》第二册，中国社会科学出版社，1995年。6.常州市地方志编纂委员会办公室、常州市档案局编，《常州地方史料选编》第四辑，内部资料，1982年。7.李镇瀛、黄元格主编，《历史性变革：常州市资本主义工商业社会主义改造资料汇编》，江苏人民出版社，1990年。

那一年，
我领取了全省首张个体户营业执照

□ 讲述人：高　钧

高钧，常州高氏企业创始人，江苏省首个个体户

“1979 年秋天，35 岁的我在市工商局拿到了梦寐以求的个体工商户营业执照。这张营业执照，成为全省首张个体工商户营业执照。后来，我又成为改革开放后全省首位私企老板。42 年后，再回首那段岁月，很多细节仍历历在目……”

在那个椴树花期要结束的夏天，一封信改变了我的一生

我对椴树有着特殊情结。时间倒流到 42 年前，正逢椴树花盛开的 7 月，在黑龙江一家林场养蜂的我，接到妻子从常州发来的信。信中，妻子告诉我，国家出台了政策，个人可以注册搞个体经营了。得知消息后，我激动不已，赶紧把蜜蜂交给别人，自己马不停蹄地赶回常州，开始了搞个体经营的日子。

其实，在此之前，我曾为此努力过，但以失败告终。20 世纪 70 年代初，在工厂做钳工的我耐不住心中的激动，在工作之余经常赶往距离常州较近的泰州和安徽等地，为当地乡镇企业修车床来挣外快。当时不允许搞个体经营和私营企业，我都是偷偷去做，为此还搞了些模具。

我把经常在常州接私活的地方称为“地下工厂”，靠着这些私活，一年挣了 2000 多元。而当时，我一个月的工资才 40 元。后来，这个“地下工厂”

被举报，我被列为“投机倒把分子”，遭受了4年牢狱之灾。出狱后，我和妻子当起了蜂农，到全国各地养蜂逐蜜。

一封信把我召唤回常州。我立即向工商部门写了申请书，希望成为一名堂堂正正的个体工商户。但是，没想到的是，申请书交上去之后，迟迟没有收到回复。

因为没有个体工商户的先例，注册时为名字发愁

42年前的夏天格外炎热，焦急的等待让我更加心神不宁。最开始，我是向天宁区提交的申请，等了十几天后，不见回复，我就去询问。但区工商部门告诉我，他们做不了主，要我去市工商局问问怎么回事。

1979年的8月末9月初，我根据区工商部门的建议，来到当时大光明电影院旁老市政府对面的工商局。当时，有一个科叫“企登科”，是专门为企业办登记的科室。在这个科室，一位姓吴的科长接待了我。吴科长说他早就看到了申请报告，但因为没有先例，所以一直没敢贸然批准。

常州市个体工商业户营业执照

高钧记五金加工修配作坊

五金加工 修配

加工 修理

伍 佰 元

解放路610号

开业日期 一九八〇年

1. 本照仅限本人使用，不得转借、出让、涂改。应悬挂于店铺、摊位的明显处，以凭查验。

2. 必须在本照指定的地点和规定的范围内营业。

3. 自觉遵守工商企业登记管理、市场管理、市容、交通、卫生等有关规定。

高钧在1980年领取的营业执照

我记得清楚，在申请报告里我要注册成立的是“五金营业部”，经营范围是五金加工和修配，性质属于个人。当时，工厂和企业不是国有的就是集体的，所以，在取名的问题上，吴科长犯了难。他建议我先回家，也去想想，叫什么名字合适。

一周后，我再次来到“企登科”。这次，注册登记的名字问题终于解决了。吴科长说，在常州，有“前店后作坊”的说法，

但从我的经营范围来看不属于店，所以建议注册时使用“作坊”二字；而且，作坊还可以把个人所有与集体所有区分开来。

最终，我在市工商局注册的名字为“高钧记五金加工修配作坊”。资料记载，我注册的这张营业执照成为全省首张个体户营业执照。

国家政策放开了，人们可以光明正大地勤劳致富，从此中国有了“个体户”这个名词。据统计，那一年全国经批准开业的个体工商户约10万户。

当初经营中碰到的难题，后来人几乎没法想象

成立作坊后，作坊里只有我和妻子两人。但随着业务量的增加，我们开始慢慢增加人手。三四年后，就增加到六七个人。同时，经营的范围也在扩大，我们不仅修配模具，还生产模具。

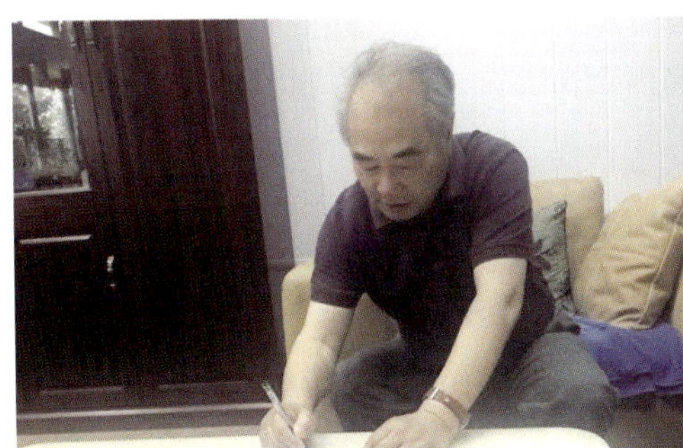

高钧是江苏省第一个个体户

然而打破旧体制、破除旧观念并不是一件容易的事，改革开放初期，个体经济面临的环境可谓“乍暖还寒”。我清楚地记得，自己的作坊旁边就一个集体性质的塑料厂，厂领导宣布了一条纪律：不许员工到我的作坊串门。理由是集体工厂走社会主义道路，而个体户走资本主义道路。

其实，发展到这个时候，作坊已经超出了经营范围。我记得，在1983年的时候曾接到来自湖北的一个模具生产订单，一下子挣了8000元。当时国家正好在发行国库券，我就拿了5000元出来去中山门附近的一家银行购买。当时几千块钱已经属于“巨款”，再加上当时正在打击经济犯罪，所以，我的“一掷千金”一下子引起了银行工作人员的注意，他们向有关部门作了汇报。根据相关政策，我的作坊因为超出经营范围而面临被取缔的风险。后来，此

事还"闹"到了省里。

危机解除的同时，有件事情令我扩大生产规模时束手束脚，那就是用工。按照马克思在《资本论》里所说的计算，在19世纪雇工8人以下的是小业主，超过8人则"占有工人的剩余价值"，就是剥削，因此改革开放初期国家有一条"七上八下"的政策，个体户雇人不能超过8个人。当时有相关政策，在个体户用工上曾经有这样的表述：除了老板和老板娘，可以再用两三个徒弟，一两个帮手。后来，有关部门在执行的时候，干脆把用工限制在了7个人。

这在今天看来完全不是问题，企业雇工越多，越能带动就业，是为社会作贡献。但在当时，"姓社姓资"的问题就这样猝不及防地摆在了所有人的面前。当时，我用工人数超标，需要接受处罚，最初的处罚决定是罚款2000元。我想认罚，但是工商干部轻拍着企业档案对我说："处罚决定放进来，这个黑锅你就背上了。"

于是我申诉到了位于北京的国家工商行政管理总局，第二年2月，全国工商行政管理局长会议在广州召开，会上提到"江苏有个开模具的"怎么办。开完会，《光明日报》记者方黎晨就来到常州采访，那时我才知道，常州当地给出的处罚意见是取缔，而广州会议上的结论是保留。

随后，常州市工商局局长许国荣有一天傍晚登门拜访，告诉我不要解散自己带的徒弟和雇工，他第二天去南京开会，将有最终结论。第二天，他在南京打来电话，说我的企业没问题了，可以继续经营。紧接着被罚没的2000元也退还给了我。之后，作坊的用工很快增加到十几人，生产规模进一步扩大。

从作坊到公司，企业名字成为时代的见证者

之后，我的作坊开始进入发展的快车道。1984年，我享受到了常州市工商银行10万元贷款，这也是银行在我市首开向个体户放贷的先河。用这笔贷款，我购置了中型注塑机，作坊利润从不到10万元，一下子增加到1985年

的48万元。当年，成为“富豪”的我花了5万元购买了一辆上海牌小轿车，成为常州市第一个拥有私家车的人。

高钧在生产车间

1985年后，作坊的名字不断变化。当年在市体改办的支持下，高钧记五金加工修配作坊更名，成立天宁工程塑料模具厂。

1988年7月，国家颁布《中华人民共和国私营企业暂行条例》，天宁工程塑料模具厂更名，成立常州市高达实业有限公司，这是全省成立的第一家私营企业。

1988年12月，高达实业又成立了常州市第一家以私营企业为母体的合资企业——常州裕达塑料制品有限公司。

1998年，常州高达实业有限公司更名为常州市高氏企业有限公司，并经营至今。

没有改革开放，就没有现在的高氏企业，就没有现在的我。现在常州高氏企业有限公司的产品主要是模具，年产值上千万元。除此之外，我还涉足金融、房地产等行业。

那个时代的故事，我都经历过。从1985年开始，我当过20年区、市政协委员，当过15年市工商联副会长。我在商海沉浮40年，成功过也失误过，有过高光时刻也有过至暗时刻。从两手空空到如今有地皮、有产业、有股份，我得感谢时代给了我机会，沾了中国经济高速发展的光。

如今，我已到古稀之年，但仍奋斗不辍，每天准时出现在公司。虽然自己已经退居二线，但对企业的发展仍充满了信心，对未来也充满了期待。

（记录、整理：吕洪涛）

那时候，
常州人喜欢到这里买烟酒酱料

□ 讲述人：朱秋生
朱秋生，常州广益酒酱店老员工

"每次路过广化桥北的太平洋保险大厦时，当年的常州广益酒酱店的模样就会浮现在眼前，而我在酒酱店工作时的情景也会像放电影般，一幕幕浮现在脑海里。"

那时候，常州人喜欢到这家店买烟酒和调料品

常州广益酒酱店坐落在市中心广化街横兴路口，门面有四开间宽，营业面积有100多平方米，后院有几十平方米，用于堆放坛坛罐罐。时隔30多年，我今年66岁了，但对老东家的过往情况仍记忆犹新，尤其是一些细节，历历在目。

广益酒酱店在新中国成立前就已经存在，原名为同凡裕酒酱店，新中国成立后于公私合营时期改了店名。

20世纪80年代初，我国实行改革开放，国家经济开始复苏，城市增设工厂企业、商店、服务业，从而带动了就业人员的增加。我就是在这个大趋势下，从镇江老家来到常州，顶替从常州老大房副食品店退休的父亲，被分配到常州广益酒酱店的。

广益酒酱店主要从事烟、酒、调味品、酱茶四个大类的商品销售，都是

与百姓生活密切相关的日用品，为店四周的居民提供服务。老常州都知道这个店。我入职时店内共有从业人员12人，女职工多，我是全店3名男职工之一，另一位是营业员，还有一位是运输工。

丨朱秋生回忆常州广益酒酱店往事

20世纪70年代末，这个店里的商品超过400种

由于我是高中毕业生，店里安排我做了一名核算员，核算每天的营业情况。进店当了核算员才知道，这个专业性的酒酱店，在当时来说规模真不算小，因为经我手进行核算造表的商品就有400多种。

到现在我还清楚地记得当年的烟、酒、调味品、酱菜等大类商品的品牌。香烟虽然是凭票供应的，但也有较大的选择余地：牡丹、凤凰、红双喜、大前门、飞马、恒大、红金、劳动、红塔山、云烟、玉溪等牌子，高中低档齐全。

酒类中五种酒齐全：白酒的全国知名品牌有茅台、五粮液、洋河、汾酒、西凤酒、泸州老窖等，地方名酒以江苏产为多，如双沟、高沟、汤沟大曲，还有湖南产的德山大曲；黄酒有古越龙山、花雕、女儿红、丹阳陈酒、丹阳封缸酒、金坛封缸酒、常州产黄酒（坛装）、湖州产坛装黄酒；啤酒有鹅牌和光明牌黄啤，而在夏季，常州东风糖果厂还有应季散啤供应；红酒牌子不多，主要是张裕、花果山和通化等牌子；药酒的品种也有好几种，最著名的有华佗牌十全大补酒、健民牌虎骨木瓜酒、五加皮酒。

调味品主要是糖、盐、酱油、醋、味精、料酒等，既有本地产品，也有

| 20世纪80年代末，朱秋生（前排左一）参加《常州商业志》编纂，其中有涉及常州广益酒酱店的内容

外地产品。

在我的印象中，店堂里有一长条的玻璃柜，里面装的都是酱菜，品种将近20个，例如什锦菜、腌乳瓜、玫瑰大头芥、龙须菜、宝塔菜、香菜心、萝卜头、青条萝卜、常州萝卜干（甜香干、咸香干）、糖醋大蒜头等。此外，店内还有多种口味的腐乳以及黄豆酱、甜面酱等等。

总之，20世纪70年代日常生活所需的糖、烟、酒、调味品、酱菜等大类商品的供应，比五六十年代要丰富得多，人们选择的余地也比较大。但婚丧喜庆所需商品仍要凭相关证明去糖烟酒公司批条特别供应。

柜台规定、腌菜季，都带有那个年代的明显特征

当时广益酒酱店一个奇怪的现象引起了我的关注，那就是店内不设收银台，营业员就是收银员。

因为营业款就放在柜台抽屉里，店里为此制定了柜台规矩：柜员在柜台内双手不能插袋或者拢袖，严冬也不例外。虽然规定有点不近人情，但天寒

20世纪90年代，朱秋生（左一）下海后和金利来老板曾宪梓（左二）先生合影

20年前，朱秋生（右一）下海后到湘西参加商业活动

地冻的天气里，没人犯规。站柜台的营业员不能少于2人，因为一个人在柜台内无人监督，易生枝节。另外一条规定是凡有营业员中途离开柜台，如外出如厕等，要做一个动作，高举两手拍响，示意双手是空的才能出去。

令我难忘的还有腌菜季，这也是广益酒酱店的一景。那时的人们生活水平不高，冬腌青菜、雪里蕻、萝卜干，春腌芥菜。一到那两季，真是千家万户腌菜忙，我们店里盐的销量大增。营业员当班时，真的能忙到手软。夏季也是一个忙碌的季节，因为端午节前后，皮蛋、咸蛋应市，供应时间比较集中。

那时普通人家都没有冰箱，许多调味品只能分期少买，如黄酒，冬天可存放，夏天则不行。因此就会增加我们的工作量。另外，夏季常州东风糖果厂生产鲜啤应市，每天傍晚，居民们都拿着锅子、杯子来拎鲜啤回家，消暑解乏。

在常州广益酒酱店工作5年，我收获了很多

作为一个镇江人，刚开始来到常州工作时，我就在语言上遇到了难题。那时候，常州老百姓讲本地话的很多，不像现在，人们大多讲普通话了。

后来，我做了营业员，每天和大量的常州老百姓打交道。为了方便与顾客交流，提高工作效率，我在短短几个月内就学会了常州话。

此外，我在常州广益酒酱店还收获了很多。在那里工作 5 年，我对商品和商品流通有了更深刻的认识。当营业员，我学会了好多种商品的包扎技术，如包三角包、酒瓶捆扎等。

1982 年，我想报考电大文科班半脱产学习，店里的领导当即拍板同意。电大学习的经历让我掌握了更多的文化知识，视野更加开阔。

1985 年，我被调入常州市糖烟酒公司办公室工作，曾任办公室秘书和办公室主任。20 世纪 80 年代末，常州广益酒酱店退出市场。20 世纪 90 年代，我下海经商，开启了另一段崭新的人生。

现在，我们国家强大了，商品更加丰富了。之前，人们只能在少数店里购买烟酒酱料；现在，这些东西到处可以买到。我们生活在如今这个时代，真的很幸运、很幸福！

（记录、整理：陆润华、吕洪涛）

长途话务员，当年的“银饭碗一族”

□ 讲述人：许　燕

许燕，20世纪八九十年代的常州话务员

“在过去电信不发达的年代，长途电话不能直接拨、接，人们挂长途电话必须经过长途台转接，经过一个一个长途话务员的口和手，人工操作接通。当时，社会上流传着这样一个说法：到机关是有了铁饭碗，进入邮电部门是有了银饭碗，到银行工作就有了金饭碗。”

现在的年轻人，都不知道曾经有这样一个职业了

“喂，您好，这里是113长途台……”曾经，打长途电话是需要有个“中转站”的，而这句话，就是你每次接通“中转站”之后肯定会听到的。但如果你是“80后”甚至更年轻的人，或许从来都不知道以前打个长途电话会这么麻烦。

话务员工作场景

2015年，常州的原长途话务员们组建了一个微信群，偶尔会举行聚会。于是，这个很多年轻人不

老话务员时隔多年后再聚首

熟知的职业，以一个群体集体回忆的方式，重新走进了一些人的视线。

在过去电信不发达的年代，长途电话不能直接拨、接，人们挂长途电话必须经过长途台转接，经过一个一个长途话务员的口和手，人工操作接通。

20 世纪 90 年代中期，随着中国在 10 年前全部实现电话程控化、长途电话自动化，长途话务员全部下岗，长途话务员这一职业彻底退出了历史舞台。

那时候，出省的转接长途电话有时一周才能接通

以前，所有的长途电话都是人工接线的。长途话务员上班接续的电话有三种类型：去话，由本地挂往外地的电话；来话，外地挂来本地的电话；转话，经本地中转的其他两地电话。长途话务员起到桥梁的作用，连接双方的通话。

一排座席，每个话务员面前有一块板，上面全是密密麻麻的蜂窝状线口。红灯亮，就表示有用户进来，把对应用户的塞绳插进去，问对方要哪里，比如他说要南京，我就找到对应南京的孔，把塞绳插到南京的孔里，把他们连接起来，双方就可以通话了。通话完毕后信号灯灭，就把塞绳拔下来。那时候基本都是公务电话，很繁忙。其中，常柴厂的电话最多。

以前，长途电话是通过架在电话杆子上的明线传送信号的，虽然有载波技术，但一条线上可以通话的数量有限，所以通话资源显得特别珍贵。

上级领导视察话务员工作情况

老话务员们回忆，他们工作的地点在邮电路通信大院内。无论是哪个年代，他们每天都异常忙碌。

20世纪50年代，话务总量少，话务员人数也少，那时候只有十几个人。发展到后来，话务多了，话务员人数也多了，每人每天上午要接上百个电话，忙的时候连上厕所的时间都没有。

那时候，我市挂长途电话的点只有位于现在的五交化、文化宫、篦箕巷几个大的营业窗口受理点，每天营业点都排满了挂长途的人。拨过长途后，快的一个小时之内就接通了。遇到要转接的长途电话，那可就苦了长途话务员，也苦了打长途的用户。有的出省的转接长途电话甚至一个星期才能接通。

长途电话分为八个等级。我们平时的普通长途电话排到第八级。排在前面的电话，可以优先接通。八个等级的设置一直延续到20世纪90年代，直到长途话务员全部下岗才消失。

那时候，不少人为当话务员宁可不上大学

在20世纪80年代以前，新的长途话务员大都是父母退休后顶替上来的，还有一部分是通信兵转业来的。

当时，社会上流传着这样一个说法：到机关是有了铁饭碗，进入邮电部

门是有了银饭碗，到银行工作就有了金饭碗。

我是在1980年进入市邮电局做长途话务员的，那一年是市邮电局首次面向社会公开招聘话务员。当时，我已经收到了大学录取通知书，但是我放弃了上大学的机会，毫不犹豫地参加了这次考试。

那次的话务员招聘要求非常高，既要求有学历，还要求相貌好（有的要去窗口做营业员）、声音好，而且一共只招十几人。尽管要求苛刻，但是参加报名的人多达几百人。其中，包括不少像我这样考上大学的年轻人。最终，凭借良好的外形，加上常年在学校做播音员的经历，我被成功录取。

在不少人眼中，话务员一般都是女的，但是也有男话务员。朱根荣就是当时的男话务员，但是他只当过几年的长途话务员。我记得，当时男的长途话务员只有两三个人，而且做的时间都不算长。客户一听是男的，一般都很惊讶，总会说一声“怎么是个男的”。

那时候，记号码、会几种方言都是基本功

做话务员让我印象最深的是背电话号码。每个人至少要记住1000个电话号码。那时候，对方一报电话号码我们就知道是哪里的。如果你想要哪里的电话，我们也能立即背出来。想当个好的长途话务员，要有过硬的基本功。那时候接转电话，要会交叉操作，就像现在QQ聊天，同时应付好几个人，一边报出电话号码，一边呼叫用户，一边记录通话时间，多的时候同时应对10对用户。所以，如果记得住电话号码，工作效率会大大提高。

很多老长途话务员仍保留着记数字的习惯。我为了督促儿子学习，就经常和儿子竞赛背数字。10多个数字，我看一眼就能记住。别看儿子年轻，但是根本不是我对手。

有时候，一辆辆汽车过去，我也会情不自禁地记下车子的车牌号。一排车子过去，车牌号码我基本上能记住。话务员的工作已经给我留下深深的烙

印，形成的习惯已经很难改变。

我们这些人对声音非常敏感。前两年，我突然接到一个陌生电话。对方刚一说话，我立马叫出了对方的名字。原来，那是一位 20 多年没有联系过的朋友打来的电话。对方说我太厉害，其实，大多数老话务员对声音有着很高的辨识率。

20世纪90年代，我市的家用电话数量越来越多，话务员的数量越来越少

工作时间长了，很多话务员都落下了咽喉炎、中耳炎等职业病。但是，话务员总会找到苦中作乐的办法。那时候，长途话务员常和不同地方的人打交道，不少话务员都会说一些其他地方的方言。有的同事会说上海话、苏州话、苏北方言，每个方言都学得惟妙惟肖，逗得大家直笑。

（记录、整理：吕洪涛）

我要为常州黄酒争个名分

□ 讲述人：蔡文忠
蔡文忠，常州新博龙泉酒业有限公司负责人

"印象中，小时候家里有几十口酿酒的大缸，一年四季飘着酒香，特别是新米上市后的冬酿季节，光闻闻那香味就要醉了。我放弃了外面红红火火的建筑行当，回来接手父亲的酒坊。见过世面的我，不再满足于祖辈的作坊式经营，暗下决心：既然做了，就要做大做强，为常州黄酒'争回面子'。"

家里世世代代以酿酒为生，我从小在酒香中长大

常州地处吴域，而吴域黄酒的代表是麦稻米酒，是历史最悠久、最有代表性的黄酒产品。它是以稻米等为主要原料，经加曲（小麦发酵制成）、酵母等糖化发酵剂酿制而成的发酵酒，享有"国酒"之称。而其中，苏式黄酒的风格更趋完美，因其味温雅柔和，甘爽上口，饮后让人心旷神怡。清代大诗人袁枚在《随园食单》中记载他品尝过的天下名酒，而常州兰陵酒赫然在列，他对常州黄酒的色泽、酒味、品性都有明确描述："唐代有'兰陵美酒郁金香，玉碗盛来琥珀光'之句。余过常州，相国刘文定公饮以八年陈酒，果有琥珀之光。然味太浓厚，不复有清远之意矣。"在袁枚看来，常州的黄酒可以同李白笔下的兰陵美酒相媲美，色如琥珀，只是酒味似乎浓厚了些。

我从小是在酒香中长大的，家里世世代代以酿酒为生，传到我手上，已经是第四代了。

我的父亲蔡林元早年在安家镇上开了多年的元兴作坊，还曾到小新桥、百丈等地开过酒厂，酿酒的手艺在周边乡镇很有名气，至今，还有人请老爷子上门去酿酒。而爷爷蔡顺根早在民国年间就开设了顺泰糟坊，顺泰糟坊的前身是开在安家镇上的潘氏酒铺，这样算起来，蔡家酿酒的手艺传承至今，已有百年历史了。

30年前，蔡文忠成立了自己的公司酿造黄酒

印象中，小时候家里有几十口酿酒的大缸，一年四季飘着酒香，特别是新米上市后的冬酿季节，光闻闻那香味就要醉了。我放弃了外面红红火火的建筑行当，回来接手父亲的酒坊。见过世面的我，不再满足于祖辈的作坊式经营，暗下决心：既然做了，就要做大做强，为常州黄酒“争回面子”。1989 年，我自己创业，成立了常州新博龙泉酒业有限公司。

石龙嘴袋装黄酒，常州人家家户户都用过的黄酒

说到黄酒，常州人家家户户都用过的是由我们公司生产的石龙嘴袋装黄酒。提起石龙嘴袋装黄酒，就不能不说常州酿酒总厂。

原常州酿酒总厂的前身是溥利仁油厂，后改为溥利综合工厂，早先并不生产黄酒；当时另外一家酒厂常州酒厂（又叫百花酒厂）却以生产黄酒出名。这两家酒厂，前者隶属原常州市轻工局，后者隶属原常州市郊区工业局。

1962年，常州酒厂并入常州酿酒总厂。自此，常州酿酒总厂成立黄酒酿造车间。黄酒产品包括苦陈、状元红、甜水酒等。

当年酿造黄酒的存酒区

20世纪60年代中期，常州酿酒总厂的黄酒生产能力达到1800吨一年。其中，用淋饭工艺生产的黄酒于1965年在浙江宁波召开的四省一市黄酒协作会议上被评为第一名。

而石龙嘴黄酒的历史也和常州酿酒总厂有着很深的渊源。该品牌的黄酒始于20世纪90年代，是由当时的常州酿酒总厂开发生产的。工厂所在地的南运桥畔原有古迹石龙嘴，于是，工厂便用"石龙嘴"命名了这款黄酒。

当时的石龙嘴黄酒采用液态发酵法，包括瓶装和袋装几个品种，既有烹饪炒菜用的料酒，也有用来招待亲朋的饮用酒。

2000年6月，原常州酿酒总厂获得"石龙嘴"商标注册证。后经变更，商标归华润雪花啤酒（常州）有限公司持有。2006年，华润雪花啤酒（常州）有限公司将"石龙嘴"商标授权常州新博龙泉酒业有限公司生产、经营。

我们通过不懈努力，不断创新研发，投入大量资金进行推广，从而给"石龙嘴"品牌赋予了全新的生命力和市场活力。

从2006年到2010年的短短五年间，石龙嘴袋装黄酒便占得了常州黄酒市场同类产品市场份额的70%，成了常州家喻户晓的品牌。

2013年2月，华润雪花啤酒（常州）有限公司将"石龙嘴"商标字体和包装龙头图案组合图形完成注册。2019年11月，常州新博龙泉酒业与华润雪花的合作协议结束，石龙嘴黄酒一度淡出常州市民的视线。

经过多方努力，2021 年，常州新博龙泉酒业有限公司已完成对“石龙嘴”商标的收购。于是，石龙嘴黄酒又重新与常州市民见面了。

开发20多个品种，我将“石龙嘴”打造成为常州知名商标

前些年，随着外来黄酒进入常州市场，原酿酒总厂的黄酒品牌“石龙嘴”的市场份额逐渐被挤占。我知道后，不忍这样一个广为常州百姓接受的黄酒品牌就此没落，便把“石龙嘴”品牌接手下来，并在之后的几年中，在原有袋装枸杞黄酒的基础上，陆续开发出了石龙嘴清爽型系列瓶装黄酒等共 20 多个品种，将“石龙嘴”打造成为常州知名商标。

石龙嘴袋装黄酒生产车间

但是，“石龙嘴”走的是中低端路线，常州有没有像绍兴的古越龙山黄酒那样，走中高端路线的黄酒？金坛封缸酒品质不错，但口味浓厚、口感偏甜，而现代人的口味更清淡，对糖分的需求也更低。

蔡文忠用传统酿造法生产黄酒

我多方请教专家，其中包括原常州酿酒总厂的资深工艺师徐新平，还请来了绍兴黄酒非物质文化遗产传承人，国家级酿酒、

品酒大师戴尔康。74 岁的戴老有着 50 多年的黄酒酿造经验。

我们一起对传统工艺进行研发改造，2011 年，终于研发出了既融合绍兴黄酒技艺精华又符合吴地口味的黄酒，取名叫作“好咾酒”。“好咾”在常州方言里，就是“好”的意思，一听这名字，便知道是常州人自己的酒。

它保留了传统的浓郁的香气，但口味更清爽，更符合现代人的健康口味，被称为“典雅型黄酒”。包装上也是令人耳目一新，有陶瓶的，有青花瓷瓶的，上面还烧制了常州本土画家季全保的“老常州系列”画作，古韵盎然。

随着近年来国家对酒业生产的卫生和质量要求越来越高，已经拥有一套酿造和灌装 3 万吨清爽型黄酒流水线的好咾酒业，每天都要对样酒进行检验。

一坛好酒，一定要有好的原料。好咾黄酒的原料主要选用优质的地产糯米和一部分优质粳米，而且必须是新米，新米糖分高、黏性好，这样的原料酿出的酒，喝在嘴里才够糯香顺滑。而它的酿造工艺也够复杂，要以当年产的新鲜黄皮小麦制曲，配以长江净水为发酵溶剂，按照传统工艺及独特配方精心酿制，前后酵期长达 60 余天。

创新，是延续传统工艺生命的唯一途径。作为酿酒世家传承人，我研制开发的好咾黄酒不仅有着传统深厚的常州老糟坊工艺基础及地方特色，且在工艺、配方、口味和包装上均有创新，它色如琥珀、香气优雅、甘鲜醇爽、回味悠长，独具苏派黄酒之典雅风格，成为常州地产黄酒的代表品牌，也多次获得政府及有关部门的嘉奖。

2010 年，我们生产的黄酒获评常州市知名商标，企业荣获“常州农业产业化经营龙头企业”称号。2012 年，公司黄酒酿造技艺被列入新北区级非物质文化遗产保护项目；2013 年被常州市人民政府列入常州市非物质文化遗产和“江苏老字号”“常州老字号”等。

如今的常州黄酒，不再是“躲在深闺人不识”的“大家闺秀”，而早已成了苏派黄酒的杰出代表、国内一线品牌。面对来自全国各地的订单和酒业同行的赞许，我深感欣慰。毕竟，我完成了自己的许诺，不仅打响了常州黄酒的品牌，而且让江苏黄酒名扬省外，畅销全国。

研发发芽糙米黄酒，填补酒类的一大空白

酿造黄酒，离不开优质的稻米。我在走访市场时，无意间发现一个怪现象：超市里卖得最贵的大米，不是产量丰富的江南大米，也不是久负盛名的东北大米，而是来自日本的发芽糙米。

随着改革开放物质生活的富裕，人们的饮食结构已越来越趋于“精白米”，口感粗糙的糙米缘何成了大米界的香饽饽？喜欢刨根问底的我开始琢磨此事。

为此，我到处查找相关资料，请教业界专家，终于搞清楚了发芽糙米的“今生前世”。原来，日本人发明的发芽糙米，通过特殊的发芽技术转化普通糙米，不仅激活了糙米的营养成分，使其以游离状态存在，易为人体吸收，而且打破了糙米的胶质层，让米皮软化，提升了口感。

得知这风靡世界的发芽糙米以超高的价格卖给国人，并畅销于盛产稻米的家乡后，我坐不住了，决计研发此项目，不仅为中国人争一口气，也为寻常百姓吃得起这食药同疗的发芽糙米尽一份力。

光有想法，没有办法！怎么办？不服输的我再一次踏上了创业的旅程。一次次走访科研院所，一次次拜访行业专家，一次次面对试制失败……经过数十次屡败屡战的刻苦攻关，我们团队终于成功研发出了国产品牌发芽糙米。

经多个科研院所的检测，国产发芽糙米不仅营养成分超过进口产品，而且口感更适合国人的口味。最让我欣慰的是，随着国产发芽糙米的投放市场，发芽糙米的市场价格下降数成，一般的老百姓也消费得起了，曾经的“黄金米”如今被端上了寻常百姓的餐桌。

继成功开发出国产的发芽糙米，我们团队又马不停蹄地投身于发芽糙米

衍生产品的研制之中。我们研制的发芽糙米黄酒，不仅丰富了寻常百姓的餐桌，而且填补了酒类的一大空白。

如今，常州新博龙泉酒业有限公司已形成年产35000吨黄酒、料酒生产能力，有"石龙嘴""好咾""好咾人家""文亨""常小醉""米乐时刻"等多个品牌系列。

（记录、整理：吕洪涛）

江南商场雕塑：那些鲜为人知的旧事

□ 讲述人：孙　勇

孙勇，常州团市委原工作人员，江南商场雕塑建设参与者

“20 世纪 80 年代中期，全国各地兴起一股热潮，开展形式多样的青年工程建设，如青年林、青年大道等。当时的常州，因‘苏南模式’享誉中外，成为全国中小城市学习的榜样。为了推动城市经济和文化继续发展，常州团市委决定打造青年雕塑工程，宣传常州青年爱科学、爱知识的精神风貌。”

起因：当年，常州街头还没有一尊像样的地标雕塑

每次经过江南商场，看到“未来属于我”雕塑，我仿佛又回到了那段为雕塑打拼的难忘岁月。36 年前，我曾在常州团市委工作，是江南商场雕塑项目的参与者和见证者。

20 世纪 80 年代中期，全国各地兴起一股热潮，开展形式多样的青年工程建设，如青年林、青年大道等。当时的常州，因“苏南模式”享誉中外，成为全国中小城市学习的榜样。为了推动城市经济和文化继续发展，常州团市委决定打造青年雕塑工程，宣传常州青年爱科学、爱知识的精神风貌。

当时，一些大城市已经出现城市雕塑了，但常州街头还没有这样的地标雕塑。所以，建造这样一尊雕塑是十分必要的。该项目通过后，我便和同事

一心扑到雕塑工程上来。

造型：唐大禧最初的设计，马背上是一男一女两个人

为了把雕塑建设好，我市向全国雕塑设计师发出设计征集令。后来，常州团市委收到众多投稿。其中，著名雕塑家唐大禧的方案脱颖而出，设计方案中以马为主体的造型让大家眼前一亮。

但是，唐大禧最初的设计方案和最终定型的雕塑有很大差异。最大的不同是，设计初稿中，马背上有两个青年，一男一女。后来，考虑到投入和施工，只保留了女青年。在最终稿中，女青年手擎象征打开未来和知识之门的钥匙，钥匙由各种几何图案组成，充满朝气和想象力。

工作人员在开会，讨论雕塑的建造细节

除了雕塑造型，安置地点也经历了变化。最初选定的雕塑摆放地点并不是江南商场，而是当时的兰陵中心广场。

当时，常州流传一句话——"金边银角烂肚肠"，意即城市周边的道路建设做得比较好了，但市区的一些道路建设还比较落后。后来，考虑到市区规划，最终把雕塑建设放到了现在的位置。

困难：无论是资金还是工作团队，都是东拼西凑而来的

36 年前，我每月的工资才 30 多元，而江南商场雕塑从设计到建造完成，总共花了约 30 万元，在当时已属"天价"。

建这个雕塑最大的困难就是缺钱。当时，财政不出一分钱。我们就想了

丨 20世纪80年代，常州为建设江南商场雕塑发起募捐活动

一个办法：向全市各级团组织募捐。全市青年团员们几分几毛几元地捐款，最终募捐到十几万元。除了各级团组织募捐外，社会上一些爱心企业也积极行动起来，提供赞助。最终，资金问题得以解决。

有些团组织不仅出钱，还出力。设计定稿后，我们便在第三棉纺织厂按照雕塑一比一的比例做泥塑，为下一步做石膏雕塑作准备。泥塑需要乌金泥，但这种泥在常州不常见。于是，各个单位的团组织就发动团员们找泥。众人拾柴火焰高，最后，找来的乌金泥铺满了半个会场。

雕塑建造中，人手不够一直是一大难题。当时，经常在工地的，除了团市委几位青年干部，其他工作人员都是东拼西凑来的志愿者。这些志愿者不拿一分工钱，全凭一腔热情义务劳动。

丨 除了团市委的工作人员和设计师唐大禧的团队，其他人手都是拼凑来的（后排右一为孙勇，后排右四为唐大禧）

雕塑锻造时，为了方便工作，施工地点改换到洪庄机械厂，厂方不仅免费提供场地，还提供技术精湛的焊工。后来，焊工们回到了原来的岗位。而

雕塑建造不能停工，常州客车厂得知情况后，支援了几名焊工，施工得以继续进行。

说到常州客车厂的这几名焊工，我还有些内疚。因为在雕塑的焊接操作中发生炸膛，其中一名焊工失去了一只眼睛。

铜料：材料紧张，觅到铜板不容易

资金和人手解决了，接下来就是材料问题。雕塑需要大量铜板，当时资源还不像现在这么丰富，工作人员在常州市场上一时之间买不到所需要的铜板。

施工人员在用铜板锻造雕塑

后来，团市委工作人员经过多方打听，了解到河南洛阳一家企业生产这样的铜板。但是，这家企业的货，一般人很难拿到。

巧的是，我市一位分管城建的领导正好在那个厂里有熟人。我们请这位领导打招呼、批条子，洛阳那家工厂才同意供货。令人感动的是，常州达立电池厂的领导获悉后，主动提供了司机和车辆。20世纪80年代，常州到洛阳还没有通高速公路。800多公里的路程，司机开了3天车才到达目的地，成功从那里运回了3吨重的铜板。

铜板运到常州后，我们就开始锻造雕塑。江南商场雕塑借鉴的是苏联的技术，采用"铜皮敲打"的锻造工艺，先用水泥做好模子，然后把铜皮加热，一个部位一个部位地进行敲打，分解完成雕塑的各个局部后，再进行拼装。

一个个部位进行敲打，真的很辛苦。但就是靠着这种不怕吃苦的拼劲，我们成功地把整个雕塑锻造了出来。

题字：刘海粟“漏”掉一字，胡一飞喝酒题字

1985年冬，江南商场雕塑安装完毕。在这之前，还有一个问题一直困扰着团市委的工作人员，那就是找名人题字。

那个年代，有名气的常州籍书画艺术家首推刘海粟。于是，我们就想让他为雕塑题字。当时通过关系联系到刘海粟，他欣然答应。

按照原来的约定，刘海粟的题字应该是“未来属于我们”，共6个字。但是，我赶到上海刘海粟家中，取到题字后发现，6个字变成了5个，少了一个“们”字。

少了一个字，我很疑惑，也很忐忑。一开始，我担心自己没有完成任务，

|《未来属于我》（锻铜　高930cm），1985年创作立于常州市，荣获首届全国城市雕塑优秀奖

怕领导批评，但是回到常州后，同事们对少了一个字的题字一致叫好。

大家是这样理解的：少了“们”字后，代入感更强，5个字比6个字读起来更有力道！

除了雕塑题字，令我印象深刻的还有雕塑的说明。说明的书法题字我们请的是常州著名书法家胡一飞，老先生直接用朱砂在花岗岩上题字。我记得当时天气寒冷，老先生还特意喝了点酒御寒，即使这样仍是难以下笔，后来把徒弟喊来帮忙才最终把题字完成。

（记录、整理：吕洪涛）

出境游“大事”越来越成为平常事

□ 讲述人：蒋克敏

蒋克敏，曾在中国国际旅行社常州支社外联部工作

“‘五一’‘十一’假期，各地游人如织。如今，在假期选择出游，越来越成为平常事。其中，不少常州市民选择出境游，到外面走一走，看一看，开阔眼界，见见世面。然而，时间倒退到几十年前，出境游是人们想都不敢想的事情。随着时代发展，现在，出境游早已从遥不可及的‘大事’，悄然成为人们说走就走的轻松事。”

20世纪80年代，出境游发展初期，常州每年只有数十人出境游

出境游是这几十年才出现的概念，是国家经济发展、社会进步的见证。20 世纪 80 年代，我曾在中国国际旅行社常州支社外联部工作，接触国外游客和出境游游客的机会比较多。20 世纪 80 年代，国家对出境游的审批比较严格，普通人想出境游是比较困难的事情。而且，那时候出境游的概念也不像现在这么普及。

20 世纪 80 年代初，难得有人自费跨出国门或是赴港澳台，一般叫作因私出境。到 20 世纪 80 年代末，才有了出境游的概念。

《中国旅游统计年鉴》对出境游这样定义：出境游指中国（大陆）居民因公或私出境前往其他国家及中国香港特别行政区、澳门特别行政区和台湾

地区进行的观光、度假、探亲访友、就医疗病、购物、参加会议或从事经济、文化、体育、宗教等活动。

资料记载：“从1949年新中国成立以来，出境只是政府部门的公务。直到1983年，国家才正式批准普通公民可以自费出国，但仅限于有海外亲属的人。”

20世纪80年代，常州出境游的目的地主要为香港、澳门。如果有人想出境游，必须先由境外亲属进行邀请，然后由境外亲属在境外付款到指定账户，再把汇款单传真到国内，国内有关机构收到传真，同意后，我国公民再到公安部门办理出入境手续。

在我记忆中，当时常州出境游的人数极少，一年也只有数十个。而且，他们获批可以出境游后，要到指定口岸出境。那时候，人们出境游先到广州，和全国各地的游客一起以“拼团”的形式出去。

而且，那时候出境游的价格非常高——单人出境游的费用为8000元以上。20世纪80年代，刚刚改革开放，连“万元户”都罕见的时代，这无疑是“天文数字”。

20世纪90年代，私人出境游开始慢慢增多，但以老板为主

1994年，延陵西路公园宾馆旁边新开了一家中国国际旅行社常州支社门店。当时，像这样的旅行社门店常州有数家，但是这一家最为特殊。当时，中国国际旅行社常州支社是常州唯一有代办出境游资质的旅行社，这家门店是唯一可以接受出境游报名的门店。

当时常州市民出境游目的地范围非常有限，只有中国香港、澳门地区及泰国、新加坡、马来西亚等国这几个地方。从一些现存的档案资料可以看出，当时境外游的价格不菲，单人次的价格大都在五六千元，高的在万元左右。所以，当时能够出境游的都是经济实力强的人，以老板为主。

我和中国国际旅行社常州支社的负责人很熟，我清晰地记得，公园店开

张第一年，他们一共接到百人左右出境游的报名。当时，由于人少，中国国际旅行社常州支社代办业务后，把名单报给原江苏海外旅游公司，拼团一起出行。

20多年前，常州游客在新加坡旅游

虽然20世纪90年代的出境游不像80年代那样限制严格，但是手续办理也并未像现在这样便捷。90年代出国游用到的护照都是用一次就要注销的。那时候护照手续比较烦琐，而且办理周期较长，一般在一个月左右。

20多年前，常州游客在马来西亚旅游

随着时代发展，20世纪90年代中后期，报名出境游的人数逐渐增长，旅行社也独立开团，摒弃了代办的形式。

跨入新千年，出境游的范围越来越大，团队中开始出现工薪阶层和老人

我市出境游始于20世纪90年代中期，早先推出的线路仅有“港澳”“新马泰”“泰港澳”，出境游的价格相对昂贵，一年有百名左右的客人，游客多为先富起来的“万元户”。2000年前后，出境游线路激增，旅行社可以提供上百个国家的旅游产品，出境游的客人上升到两三千人次。尤其是欧洲游

2000年左右，常州的出境游开始多起来

兴起后，出国游玩的人越来越多。

资料介绍，欧洲游是从 2004 年兴起的，从当年 9 月 1 日起，全国 528 家拥有出境游资格的组团社可以正式开展中国公民赴欧洲 27 个国家的团队旅游业务。

这一时期，出境游手续便捷多了。护照半个多月就可办好，资料只需提供收入证明等，节省了很多时间。

虽然旅行团队里占比最多的仍是私企老板，但已经开始出现少部分工薪阶层和退休老人。而且，老年人由于时间相对充裕等因素，成了“主力军”。

现在，不仅老人说走就走的出境游越来越多，个性化的自由行也开始流行起来。

资料介绍，截至 2020 年，持普通护照中国公民免签或落地签证国家已经达到 71 个，中国护照实力进一步提升，签证利好的条件也带动了出境游市场的发展。现在出境游，人们更加注重品质以及消费体验。比如到欧洲，大家会想去奢侈品店采买；在澳大利亚和日本则是保健和美容品当道；在泰国，美食是消费重点；而在阿联酋，珠宝则特别受欢迎。

出境游越来越普遍，成为不少人生活中的日常，这说明我们国家强大了，人民富裕了。

世界这么大，我想去看看。未来，我相信还会有更多的老百姓走出国门，游览世界。

2019年，常州出入境人数突破60万人次

我查询了 2019 年底常州出境游的相关数据。常州国际机场在当年增加多条航线，方便了市民出行——2019 年冬春季航班新增了大阪航线，每周飞一、三、五，更加便于游客出行；地区航线加密了澳门航班，澳门航班每天都飞。

公开的资料显示，近年来，常州空港口岸对外开放力度持续加大，先后开通航线 23 条，2017 年出入境流量为 20 万人次，2018 年达到 40 万人次，2019 年突破 60 万人次，年增长量均超过 50%。而且，从目前统计的数据来看，常州国际机场出入境流量 80% 为旅游。

（记录、整理：吕洪涛）

我是怎么走上代理记账之路的

□ 讲述人：朱亚媛
朱亚媛，常州市久久灵会计服务有限公司创始人

"每到年底，很多企业都忙着处理'年关账'，代理记账成为这个时间段最忙碌的行业之一。

"随着市场经济的发展，代理记账行业应运而生。在常州，代理记账公司的出现不过20多年时间，主要服务对象是个体户和中小型私营企业。20多年间，这个行业从无到有，从小到大，见证了个体私营经济的发展和壮大。"

破茧：20世纪90年代末，我市开始正式出现代理记账公司

1991年，27岁的吴立琴自主创业，在广化街上开了一家建材公司，虽然只有四五个人，但为了记账方便，她还是请了一位专职会计。

当时，会计一个月三五百元工资。对于个体户来说，如果能少养一个人，减轻点压力总是好的。她也曾尝试找第三方帮他们记账，但寻觅了几年都没有找到提供这种服务的机构。

1999年，吴立琴在朋友的介绍下认识了我。当时，我刚刚成立了自己的代理记账公司——常州市久久灵会计服务有限公司。

就这样，吴立琴把公司的记账业务都交给了我的公司来打理。记账、财

务都由我们负责，对方省下不少人力成本支出，减轻了企业压力，更有利于扩大企业规模，一步步发展壮大。

常州最早的代理记账许可证

其实，在成立自己的代理记账公司前一年，我已经和前同事组建过名为常州市立诚会计服务有限公司的代理记账公司。这家公司在 1998 年 4 月 9 日取得代理记账许可证书，它也被代理记账行业公认为常州最早取得营业资格的代理记账公司。

起步：没有个私经济的发展，就没有这个行业

我是 20 世纪 80 年代进入会计行业的。20 世纪 90 年代中期，我进入一家会计师事务所工作，那时候，我们服务的对象主要是一些大企业和外资企业。

自从常州市在 1979 年出现第一个在工商部门注册的个体户后，个体户的群体不断壮大。同时，随着改革开放的深入，市场经济不断发展，私营企业也不断涌现。

我身边的亲戚朋友成为个体户的就有很多。根据相关政策，这些个体户需要建账建制，但他们又想节约成本，于是就找到熟悉的会计帮忙代为记账。

那时候，商业、制造业、广告业和餐饮业的客户居多，这些行业也是改革开放后，人们最先涉猎作为创业项目的行业。随着代账业务的增多，我国在 20 世纪 90 年代中期出台了相关政策。

比如，为了规范代理记账业务，财政部于 1994 年发布了《代理记账管理暂行办法》。于是，社会上一些会计师事务所及个人开始酝酿成立代理记账公司。在此背景下，我和前同事一拍即合，开始专心做代理记账业务。

代理记账行业协会在服务企业的同时，多次捐助困难学生

1999年，出来单干成立自己的代理记账公司后，我接到的最早的订单来自南大街的服装店和皮鞋店。20世纪90年代，南大街是常州最火、最热闹的商业街，也是人们创业当个体户的首选之地。

那时候，房地产行业刚刚兴起，一些小型房地产公司也找到我，让我做代理记账业务。

我清楚地记得，为了能和第一个联系我的房地产公司达成合作协议，我在一个雷雨交加的炎热上午，骑电动车前去对方公司。到了目的地，我浑身都湿透了。对方负责人看到我这副狼狈的样子后，备受感动，合作很顺利就达成了。

发展：越来越多建筑业、物流业、运输业、科技型企业成为我们的服务对象

2010年左右，成立代理记账公司的越来越多。和10年前相比，我们的服务对象已经有了很大变化。

这时候，建筑业、物流业、运输业、科技型企业比较红火，我们的主要客户大都来自这些行业。

这一时期，常州加快引进海归人才，落户常州的海归创业项目和海外项目陆续增多。于是，这些项目公司又成为代理记账公司新的服务对象。

2011年，何玫瑰接手一个海外项目，主要从事癌症药物的研发。为了减

轻公司压力，节省开支，她找到我，选择把记账业务外包。

如果请一个专职财务，公司每月要花大几千元，而把这方面业务交给第三方专业团队，他们每月只需要花一两千元即可。10 年来，何玫瑰公司做了不少科研项目和课题，正在向医药更深领域拓展。

朱伟东是一名“海归”，2011 年在常州创业，入选了“龙城英才计划”，是第二批领军人才。他的创业项目是高端电路芯片设计和研发，由于长期在国外，他对国内公司注册、财务等一无所知，干脆把这些相关业务交给代理记账公司打理。

中简科技、维尔利、宏微科技、应能微电子、昊润电子等企业都曾是我的服务对象。目前，这些企业有的已经成长为上市公司，有的正在准备上市。

壮大：20多年发展，常州的代理记账公司已有近500家

近年来，越来越多的年轻人尝试通过创业实现自己的梦想。由此，注册的个体私营企业逐渐增多。

常州市市场监管局提供的最新数据显示，截至 2019 年底，全市私营企业（含个体户）的总注册数已达 58.07 万户。

朱亚媛（右一）从事代理记账工作20余年，目前仍在一线工作

个体私营企业的增多让代理记账行业逐渐壮大。2018 年 2 月，常州市代理记账行业成立行业协会，我当选为会长。目前，全市具有资质的代理记账公司近 500 家，服务的个体户

和私营企业逾10万家。

协会成立后，不仅加强行业自律，构建行业信用体系，提高服务机构管理水平，还积极响应国家“鼓励校企合作”政策。在过去的三年中，协会多次承办常州各高校的财会类专场招聘会，为高校学生提供实习和就业机会，也为广大会员单位引进、孵化更高质量、更高水平的人才提供了平台基础。

此外，协会主动承担社会责任，还为兰陵小学困难学生组织捐款，帮助一个个怀揣梦想的孩子。

未来，我们期待见证更多个体经济和中小型企业的成长与壮大，也期待代理记账行业为这些企业提供更优质的服务。

（记录、整理：吕洪涛）

受追捧的“零头布”、凭票购买的摩托车……

□ 讲述人：姚建华

姚建华，原常州解放绸布店工作人员，常州著名“商场”人士

“20世纪八九十年代，我曾在我市多个商场工作，亲身经历了那个时代商场的发展变化。谈起那个时代的商场，最深刻的记忆就是柜台最早实行的‘奖金制’、受追捧的‘零头布’、凭票购买的摩托车。”

从“计件奖金”到“系数奖金”

1981年，我18岁，高中毕业。因为父亲在商业系统工作，自己也在商店柜台上做过暑期工，所以一直对商业有着浓厚兴趣。于是，我拿着高中毕业分数单，来到了当时的常州纺织品采供站（常州市纺织品公司）人事科报到，并被分配到了位于南大街转角处的解放绸布店，做起了营业员。

到商店后，我当了3个月的学徒工，月工资约17元。一开始，我被安排到商店主要柜台——绸毛柜。这个柜组担负商店主要的销售任务，经营的是呢绒品、化纤织品（的确良）、被面等，柜组人员8名，分早、中、晚三个时间班次。

20世纪80年代，常州市在全国改革开放大潮中美名远扬。在那样的大环境下，常州市商业系统也把我们解放绸布店作为改革试点。最值得骄傲的，

20世纪80年代，姚建华在常州解放绸布店工作

是实行了奖金制。

我记得，我们店最先实行的是计件奖金制。对柜员来说，每班次每人工作结束时，需要统计好一天的营业量及金额方可下班。柜员工作满月结算奖金时，再根据奖金总额考核分配到个人。

计件奖金制调动了大家的工作积极性。柜组同事吕念青经常是计件奖金第一名。当年我们的工资只有 30 元，但奖金最高能达到 10 元，这是一件很有成就感的事情！

计件奖金制实行了一段时间后，开始显露出它不完善、不平衡的一面。后来，商店根据工种，推出了系数奖金制，照顾到了方方面面。

我们商店也成为当年改革试点的先进单位，在全市商业系统中，骄傲地交出了"单位面积产出最高效益"的成绩单。

每天布店开门后，柜台上总围着购买"零头布"的女工

在当年的解放绸布店及其他布店，收款台总是置于商店一处高地，用玻璃封围。收款台与各柜组的现金收付、票据往来是通过那一根根钢丝绳线联系的。"哗哗哗"的声音此起彼伏，上面吊着的是包裹顾客成交金额的单据以及找零现金。

改革开放之初，商品相对匮乏，人们的收入都不高。于是，有一个现象总在柜台上出现，那就是"零头布"。"零头布"不要布票，且价格比正常布匹便宜三分之二，因此深受市民追捧。

“零头布”就是每匹布扯剩后遗留下的边角布料，一般都在一公尺以内，大的七八十厘米，小的四五十厘米，常被用来给小孩子做衣服。买到“零头布”，也有人拿去做“假领头”，现在的年轻人可能很难想象了。

20世纪80年代的常州解放绸布店

令我印象深刻的是，每天解放绸布店开门后，柜台上总围着各大纺织厂上完夜班的女工，她们七嘴八舌，指指点点，都等着购买“零头布”，尤其是的确良“零头布”。

1983年10月，我离开解放绸布店，调到常州市纺织品公司团委，踏上了从基层到管理的新征程。

火爆的重庆80型摩托车，需要凭票购买

1988年，我来到了兰陵商场。那一时期，常州兰陵商场规模仅次于百货大楼。兰陵商场二层楼面的商品令人眼花缭乱，从小五金、图钉到家具、沙发、鞋帽等，不一而足。

当年春季的某一天，商场经理一声号令，经理室等科室人员与柜组人员被喊到了迎宾路。人员齐全后，只见经理用钥匙打开了两扇大门，约百平方米的前间屋子里，放满了用木板包装好的重庆80型摩托车！

两开间里足有五六十辆摩托车。原来，这是商场就近租用了民居房当作仓库，我们一伙人搬运货物来了。当时常州街上骑行的大多是老式自行车，

姚建华回忆20世纪八九十年代的商场故事

如果谁有一辆摩托车，那可真是一件令人羡慕的事情。

兰陵商场设有五金柜，但柜组营业员对这些销售品都显得漫不经心，唯有重庆80型摩托车到货了，大家的工作热情才会高涨起来。一是因为80型摩托车销售额大，当时定价为每辆4880元，柜组容易冲销售额；二是因为销售额大了，奖金自然也高。

我清晰地记得，那时候，购车需要购车票。如果哪个单位哪个人持有购车票，马上就会有人找来打听，这车买还是不买。如果不买，持有者可以把票迅速转让，一张摩托车票一转手便可得300至500元。黄牛票在当年都很抢手，商场周边的武进乡镇上的一些富起来的人成了购车主力。

20世纪90年代初，商场另租了店面专营重庆80型摩托车，无奈常州市面上的五交化商场、浩源摩托车专营店、明都摩托车城已相继出现，兰陵商场独家销售摩托车的红火时代一去不复返。

这一时期，一曲《春天的故事》唱遍了全国，市场经济迅速发展。1995年，我告别了南大门的兰陵商场，应聘到了北大门的另一家商城。这一时期，商场间的竞争显得异常激烈。2000年，我辞职下海，开始从事广告行业。

我历经了几十年的商场发展，有艰难困苦，有甜酸苦辣。看着我们的国家越来越强大，商场的商品越来越丰富，百姓的生活质量越来越高，我真的非常高兴，非常自豪！

（记录、整理：陆润华、吕洪涛）

老天泰茶叶，常州人喝了 200 多年

□ 讲述人：翁龙祥

翁龙祥，老天泰茶叶店传承人和负责人

“在常州，有名的老字号不少，可有 200 年历史的真不多。老天泰茶叶店已有 215 年历史，在常州众多老字号中可算得上名号响、资格老。它是常州存续时间最长的茶叶店。”

在南大街开了200多年的茶叶店

老天泰茶叶店是常州地区唯一持续经营茶叶 200 多年的老字号名店，虽历经沧桑，仍长盛不衰，在常州可谓家喻户晓、久负盛名，对常州近现代商业文化的形成颇具影响。

我今年 68 岁了，已在老天泰茶叶店工作了 38 年，现在是该店的传承人和负责人，对老天泰茶叶店的历史如数家珍。

老天泰茶叶店由徽商吴氏开创于清嘉庆十一年（1806），最早的位置就在常州南大街。当时，店内主要经营安徽、江浙的名优茶叶。因货真价实、童叟无欺、注重信誉和质量，深得客户青睐，生意越做越旺，分店越开越多，逐渐占领了常州主要茶叶市场。

据记载，老天泰茶叶店创始人吴老先生知识渊博、热爱茶文化，他以“老天泰”为字号，寓意为茶叶店与天共存、平稳发展。

为办好老天泰，吴老先生从中华茶文化入手，潜心研究陆羽的《茶经》，到全国各地考察访问，将所见所闻所学与常州本土市场特色有机结合，从而使老天泰茶文化延续至今，深深影响了几代传人。

1929 年，吴氏后人吴笑安辞去南京某大学的职务，出任老天泰茶叶店经理，并将分店逐步并至南大街老天泰茶叶店。

曾几何时，买茶喝茶不是平常事

20 世纪 50 年代，公私合营，老天泰茶叶店更名为国营常州老天泰茶叶店；80 年代划归常州市供销合作总社管理，改为集体所有制企业；1994 年 8 月更名为常州茶叶总公司；2001 年企业改制，又更名为常州茶叶有限公司。目前，常州茶叶有限公司旗下有老天泰南大街店、老天泰青果南苑店。

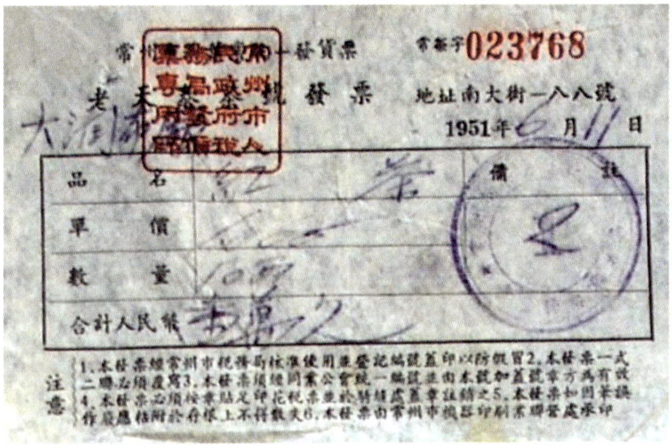
023768
發票　地址南大街一八八號
1951年　月　日

品名		備註
單價		
數量		
合計人民幣		

20世纪50年代的老天泰茶叶店票据

在改革开放以前，常州老百姓喝茶的并不太多。20 世纪 80 年代以前，常州市面上的茶叶大多是绿茶和红茶，其他品类的茶叶非常少。除了老天泰，当时专营茶叶比较有名的还有东坡公园附近的东郊茶叶店。而其他卖茶叶的商店通常还销售其他商品，像常州副食品大楼，人们去那里不仅可以买到茶叶，还可以买到其他生活用品。

在大多数人还要为吃饱穿暖而精打细算的年代，买茶喝茶不是平常事。并且，当时还是计划经济，茶叶也是由上级统一分配的。

20 世纪 80 年代，老天泰茶叶店归常州棉麻公司管理。这期间，老天泰的茶叶就由江苏省棉麻公司统一分配。配额有限，不是想买多少就能买到的。

丨 20世纪80年代的老天泰茶叶店

改革开放后，随着市场经济的发展以及人们生活水平的提高，这种茶叶配额的现象才逐渐消失。20 世纪 90 年代，市场上茶叶的种类开始丰富起来，老天泰茶叶店里也集齐了绿茶、红茶、白茶、黑茶、黄茶、青茶六大品种的茶叶。

一脉相承，老天泰坚持本地特色，地产茶叶占了“半壁江山”。像溧阳李家园茶场、苏州东山碧螺春茶场、宜兴御茶园茶厂等一批全国知名的苏南茶场，都是老天泰合作多年的“老伙伴”；而与茅麓茶场、阳羡茶场的合作更可追溯到民国时期。它们是老天泰茶叶品质稳定的坚强后盾。

与时俱进，老天泰还积极开拓新品。滇红、祁红、武夷山红茶、福鼎白茶、安化黑茶、立顿等品种，当初都是由老天泰茶叶店最早引入常州市场的。目前，老天泰茶叶店经营的茶叶超过 200 种，已成为常州地区品类最全的茶叶店。

专注品质，老店自有老店的规矩

金字招牌传承两百年的秘诀很简单，就是用心做茶，用真心对待每一个茶客。

这些年中，老天泰茶叶店一代又一代经营者与职工继承优良传统，紧跟时代发展，经历各个时期重大变革的考验，用真心换真心，不断增加名、特、优茶经营品种，扩大经营规模，提高服务质量，取得了良好的经济效益与社会效益。

尽管年龄大了，但我还保留着亲自到茶场和茶园一线逛一逛、看一看的习惯。几十年来，哪些茶场有什么技术，他们生产什么品种、什么等级的茶叶我都了然于心。

翁龙祥讲述老天泰的故事

老天泰向来注重茶叶的品质。新茶采摘不能在阴雨天，必须在气温15摄氏度左右的晴天，口感才最佳。采摘的方式和炒制的手法都很有讲究，茶场“老伙伴”都知道我在选茶上很挑剔，所以供货从来不敢马虎。

很多人问现在很多茶叶采用进超市的销售模式，我怎么看。茶叶生来金贵，特别容易沾染异味，尤其不能跟其他物品混放。所以，在老天泰有条规矩：男员工不能抽烟；女员工不能抹香，护手霜也不行。

看着一些上了年纪的老顾客，隔段时间在子女搀扶下来买茶，我觉得更要把品质保障下去，不然对不起他们。

此外，我还在店规中明确，每位员工对顾客提出的茶叶知识及相关问题，都应能准确无误地解释和答复，要提高员工茶文化的修养，使老天泰盛名不衰，经营稳固。

现在的老天泰茶叶店

目前，常州市的茶叶专

卖店多达数千家，茶叶市场繁荣，老百姓买茶喝茶非常方便。而同时，茶叶市场也存在价格混乱、质量参差等问题，这让百年老店倍感压力。

只要我们把品质保证好、把服务做好，把商品经营和文化相结合，我相信，我们这个百年老字号就能在市场竞争中立于不败之地。

（记录、整理：吕洪涛）

常州梨膏糖与小热昏：老常州人的童年记忆

□ 讲述人：叶莉莉
叶莉莉，常州梨膏糖制作技艺和常州小热昏说唱艺术双料传承人

“又是一年入冬时，祛痰止咳正当令。中年以上的常州人大多留有这样的记忆：儿时咳嗽喉痒的时候，大人常会让自己含上一两粒梨膏糖。那甜丝丝的梨汁中略带中药材的苦味，至今仍是不少常州人的味蕾记忆。”

梨膏糖和小热昏都是非遗项目

梨膏糖是江浙一带的传统药食。小时候，我们这边的人都有过吃梨膏糖的经历。我今年 79 岁了，是常州梨膏糖制作技艺和常州小热昏说唱艺术的双料传承人。这两项技艺中，常州梨膏糖制作技艺被列为省级非遗项目，常州小热昏说唱艺术则被列为国家级非遗项目。

我原本是上海人，父母都从事音乐工作。我 15 岁就参加了流动说唱队，在常州演出时，由于长得俊俏，唱功又好，被常州梨膏糖艺人“小名利”吴金寿和“小得林”包云飞一眼相中，而他们正是小热昏发展历史上的代表人物。

1961 年初中毕业，我来到常州，开始学习梨膏糖和小热昏技艺，后在常州结婚生子，1970 年进入幼教行业，直到从幼儿园园长的岗位上退休。

退休后 10 多年，我一直在帮师兄的徒弟做梨膏糖方面的专业顾问。2011

年，我在青山桥开了自己的门店。如今，在常州很多地方都能看到我的商品。不仅如此，我多次到香港、澳门、台湾乃至国外进行梨膏糖和小热昏的公益推广。

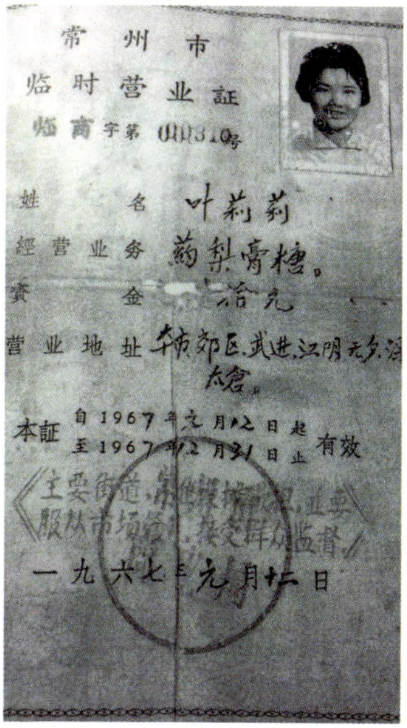

20世纪60年代，叶莉莉的营业执照

小城旧景，敲锣打鼓唱卖梨膏糖

梨膏糖是用梨汁、陈皮、杏仁、胖大海、茯苓、甘草等中药，按比例加糖熬制，凝固后切成小块制成的，具有清喉润肺、止咳化痰、清咽利嗓等功效。

在常州，很多人会发现，梨膏糖和另外一门民间艺术紧密相连，这门艺术就是小热昏。

自古卖梨膏糖的艺人“三分卖糖，七分卖唱”，以宣传梨膏糖的功效。小热昏特指卖梨膏糖的艺人在街头招揽顾客时的说唱表演。以前，卖梨膏糖的人边走边唱。他们在走街串巷时，走到人多的地方就支个架子，敲锣打鼓张罗一番吸引人们围观，达到卖货的目的。

小时候，为了销售梨膏糖，我曾跟父母去过江苏、安徽等地，一边表演小热昏，一边售卖梨膏糖。人们驻足观看的同时，总会买几粒梨膏糖尝尝。

梨膏糖的传说和小热昏的由来

梨膏糖相传为唐代名相魏徵所创。他母亲长年饱受咳嗽气喘之苦，唐太宗派御医前往诊治，但开出的中药太苦，魏徵母亲不肯吃。魏徵发现母亲爱喝梨汁，就在煎煮梨汤时，悄悄把一碗药汁也倒进去。谁知一直熬到三更，梨汁因熬煮太久结成了褐色糖块。魏徵拿去请母亲品尝，清苦微甜，老人家很是喜欢，竟也治愈了哮喘。消息传开，就有了“梨膏糖”的美称。此后，

叶莉莉表演小热昏

梨膏糖在各地开花有了群众基础，苏浙沪等地也都出现了各自的老字号。

在常州，梨膏糖因与小热昏这一曲艺形式相携相伴而独树一帜。常州小热昏迄今已有150多年的历史。常州地方史料记载，常州小热昏兴盛时期，广受民众的青睐和欢迎，成为苏南，尤其是常州地区广大百姓文化娱乐的主要形式。当年，常州小热昏艺人曾一度走出常州，足印遍及苏南、苏北及浙皖等地。

清末民初，苏浙地区的卖梨膏糖行业分成了几大帮。摆起糖摊在固定地点熬制梨膏糖、唱卖的，叫“文卖”；背着糖箱流动说唱卖糖的，叫“武卖”。而当时盛行于常州的便是“武卖”。“武卖”艺人主要说唱本地新闻，内容大多为讽喻当时社会黑暗现象。艺人们为免遭迫害和麻烦，取名为“小热昏”。

叶莉莉走进学校表演小热昏

常州小热昏内容生动风趣，说白滑稽幽默，唱词通俗易懂，唱腔又是百姓熟悉的民歌小调，故而深得人们的喜爱。

创新和改良：线上、线下销售，开发无糖梨膏糖

在传承上，我有两位师傅。这两位师傅就是“小名利”吴金寿和“小得林”包云飞，他们都曾是常州梨膏糖和小热昏的代表人物，也是对这两门技艺

影响最大的两位领军人物。现在从事这一行业的梨膏糖和小热昏艺人，很多都是他们的徒弟及后人。其中，包云飞在常州的弟子和再传弟子就有60多人。

叶莉莉梨膏糖生产车间

在传统观念里，常州梨膏糖和小热昏有“传男不传女，传内不传外”一说。但是吴金寿和包云飞打破常规，收我为徒，并使我成为传承人，这也让我在以后的传承路上受益匪浅。

这些年来，我曾在多个场合公开表示，我们要尝试“开放式传承”。在技艺传承上，不仅有早年跟随我学习的程建国、张卫华，以及女儿芮佳、儿子芮红，就连常州滑稽剧团的专业演员袁小春、马枕霞也是梨膏糖和小热昏的传承人。

如今，我家梨膏糖一年销售额有200多万元，销售渠道也是线上、线下相结合。此外，我在梨膏糖的口味和种类上作出了创新和改良。传统的原味梨膏糖是褐色的，带着纯正的中药色泽和香气。为了适应现代人怕甜腻的口味，我对梨膏糖进行了时尚化改良，在配料中增加了绿豆粉和赤豆粉，代替一部分糖，减少了一些甜度，所以外形、色泽也有别于传统。针对不能食糖的患者，我们还开发了无糖梨膏糖。

过去卖梨膏糖是为了谋生，现在梨膏糖和小热昏都是非遗项目，想要让这门古老的技艺传承下去、发扬光大，就不能只考虑经济效益。

近年来，我最关注传承问题。在培养传承人的同时，我还经常走进课堂，为学生授课和表演，使更多年轻人走近和喜欢这两门传统技艺，以便更好地对其进行传承。

（记录、整理：吕洪涛）

丽华快餐是这样成长起来的

□ 讲述人：蒋建平
蒋建平，丽华快餐董事长

“20 世纪 90 年代初，得名于常州丽华新村、初衷是为老年公寓做饭的小店，不仅走出了丽华新村，走出了常州市，成为一家从北京辐射全国的餐饮服务企业，而且成为 2008 年北京奥运会，2010 年上海世博会，国庆 50、60、70 周年盛典，中国共产党建党百年庆祝活动等重大活动的餐饮服务商，是共和国众多历史时刻的亲历者和见证人。”

崛起常州

1993 年，在江苏常州市一个不起眼的居民小区——丽华新村内，开着一家叫立新点心店的饮食小店，店主人就是我。此前，我是公营粮食部门职工，跟随社会大潮下海。

店虽小，但这里精纯的口味及一尘不染的店貌还是赢得了周遭居民的认可，生意还算不错。特别是中午营业高峰时段，我既要忙着协调店内的发货速度和座位安排，还要应付外来路人的咨询：有没有盒饭供应，能否外送？伴随着否定，我只能用遗憾的目光送走顾客。

当时常州市已有几家餐饮店开始尝试用摩托车送盒饭。望着马路上偶尔驶过的送餐摩托车，我暗暗打起了主意：虽然点心店的生意还可以，但发展空间有限，而各种中小公司员工用餐难的社会现象，无疑为餐饮行业提供了新的发展机遇。如果能改做盒饭生意，并送餐上门，也许生存之路将就此拓宽。说干就干，我立马添了一部电话、一辆摩托车，重新装修了店面，将属地“丽华”冠作自己快餐店的名称，并挑了个良辰吉日，就这样，丽华快餐在鞭鸣锣响中开张了。

为了增加知名度，我毫不犹豫地用赚到的所有钱以及从亲朋好友处拼凑来的资金做起了广告。

当时的电视广告一个月需要 4 万元，电台广告需要 2000 多元，我们全部家当都没有这么多。无奈之下，我选择了贴小广告的推行方式。几十块钱就可以打印几千份小广告，我们用了一个早晨的工夫去贴，最终确实带来了一些效果。

小广告很快引来了城管部门的留意，他们说：“要么罚款 600 元，要么自行清除小广告。”我不得不又用两天一夜的工夫去清除这些乱张贴的小广告。

但恰恰是城管干部“启蒙”了我的“品牌意识”。城管科长教育我说：“你们把广告贴在治性病的小广告旁边，谁会信你们的快餐是有档次的？你们要走正规的广告途径，虽然贵，但是影响力要大很多，你们一定要走品牌运营的路子。”

城管科长的说法也有道理，还不如一开始就走有公信力的路子。说干就干，我们选择做电台广告，虽然费用要贵很多，但是效果的确好了很多。而后，丽华快餐又陆续做了电视广告和报纸广告，丽华的品牌建设渐渐上了一层楼。

正是在这一时期的常州，丽华快餐构建了独特的运营范式：通过承包偏远地段的单位食堂，最大限度地节约固定开支（其房租本钱仅占到 3% 左右；而普通店面餐饮企业的房租本钱要占到 20% 以上，并且呈逐年上升的趋向）；经过媒体推广，主要通过电话订餐，减少开门店的本钱，营销本钱只占 6%

左右；送餐范围尽可能广，不挑选客户，博得客户的好感。

那时候很幸运，外卖业务在常州才刚刚起步，很多消费者把电话订餐当作时兴的事情，而不是如今的填肚子。所以，盒饭的利润可以达到 50% 以上，尽管生意小，收入却并不少。1995 年时，丽华快餐每天的运营收益达到了几万元，通过滚动发展的模式，丽华快餐淘得了原始积累。

很快，丽华快餐声名鹊起，人们订餐时会自然地拨打丽华的电话。趁着大好的发展势头，我又在规模化上做起了文章，在火车站开了 400 多平方米的中心门店，并在"快捷"和"方便"上下足了功夫：接连开了 3 家连锁店，缩小送餐半径；引进电脑化接线设备和无线对讲机，采用电脑调度，大大提高了内部管理效率。

"快"的秘诀

但竞争随之而来，常州做快餐外卖的，很短的工夫内就冒出来很多。

经过多年的发展，丽华快餐打造了"30 分钟准绳"——"快的规范就是从承接订餐到顾客收到的时间不超过 30 分钟"。

1993 年，在每天只有几十份送餐量的状况下，丽华快餐下血本买了两台当时还很昂贵的 BP 机，用于送餐员送餐。

我们估算每个商业区的订餐量，让送餐员每天骑着摩托车候在订餐集中的区域，一旦客户打电话订餐，我们就经过 BP 机，将客户的需求发到送餐员那里。这样，大大提高了送餐速度，甚至，客户一放下电话，快餐就马上送到了。

1995 年，丽华快餐又成为常州第一个对讲机商用客户。对讲机每台 6000 元，每年还有无线频率运用费、天线费用等，但是我们陆续添置设备，最初运用了 200 多台对讲机。这样的投入是值得的，对讲机的效率比 BP 机更高了，送餐的速度更有保证。

1993年的时候，我们只有3元、5元、8元三个价位四种规格快餐，每辆外送的摩托车可以放下36盒这种规格大小的餐盒。

丨丽华快餐的中央厨房

这正是丽华快餐的定位所在。在当时，个性化消费的成本很高，不符合快餐这个行业的本质要求。如今的餐饮业已经走向了专业化时代，细分非常多，有火锅店、大酒楼等等，当然也会有快餐，不同的形式对应不同的需求。

到1996年时，业务模式成型的丽华快餐走出了探索期。在常州开了4个分公司，占领了整个常州外卖市场50%以上的份额，在常州快餐业内是相对的第一，销售额曾经达到过每天5万多元的程度。

走出常州

丽华在常州站稳了脚跟，我又闲不住了，认准了快餐业巨大的发展潜力，坚定了将快餐作为一生的事业来发展的信念，着手实施起了大胆的扩张战略。

1997年，我踏上了北上的征程。在北京这个大城市，可不比在常州，如要缩短送餐时间，就应广布连锁店，这就需要大量的资金。而对丽华而言，这根本就是不可能冲破的瓶颈。怎么办？我果断地以较低廉的价格承包了中科院电子所的食堂，不仅满足了本所职工的就餐，还对周边的顾客开放，靠外卖在中关村这块商务聚集地树起了丽华的品牌。

当时有人主动请缨，愿为丽华牵线拉生意，条件是按行业惯例提取

10%—20% 的回扣。我婉拒了，我说介绍生意欢迎，但回扣不能给，否则肯定会降低快餐质量。

通过市场调研，我发现北京的同行一般只做大户生意，散客须提前一晚预订，而且百份起送。我适时亮出了“随时预订，一份起送”的招牌，创下了五环以内半小时送达的记录。许多大型的活动，如运动会、演唱会和商务活动等纷纷青睐丽华，准时、高效为丽华赢得了大批订单及媒体的喝彩，也为我赢得了诸多的荣誉。

接着，我将目光投向了上海这个国际大都市，奏响了“东进序曲”。2002 年，丽华正式进入上海。上海有着相对宽松的市场环境，且拥有难以计数的写字楼，蕴藏着无法估量的商机。可上海绝对是寸土寸金之地，租金成本更高，融资问题依然困扰着我。

在困境中，我提出了一个中国快餐领域前所未有的“无店铺经营，低成本扩张”的发展策略。经过缜密部署，丽华在外环线内，以租用别人闲置或弃用的食堂的方式，先后设置了 10 个加工配餐点，其中 3 个在市中心城区，其余 7 个合理地遍布于外环线附近，绕成一个包围圈，确保满足各个区域顾客的配送需求。在丽华的客户服务中心，17 名接线员随时将顾客的订餐信息通过电脑联网上传至配餐系统，由配餐处统一调度，安排就近的外送员，整个出单过程不超过 3 分钟，快捷的特点尽显无遗。

丽华进入了第二个高速发展阶段。长江三角洲、珠江三角洲的经济联动，使我的扩张意识日益增强。

2004 年，我相继在南京、无锡和苏州等地开了连锁经营店。2005 年，更是南下进入广州和深圳。不仅完成了网上订餐的系统工程，还计划运用 GPS 全球卫星定位系统来一步实现管理的现代化。比如一家北京驻常公司的职员，要给远在上海的老父亲订包月餐，中午在常州下单，当晚，老父亲就按时享受到了丽华的服务。异地订餐、异地结算带来了太多的便利，以后出差在外也不必担心用餐问题了。

2008 年，丽华的团膳业务达到了一个新的高度。丽华快餐承接了北京奥运会的送餐业务，成为其最大的团膳供给商。

有了北京市场的成功，丽华快餐又陆续走向长三角、珠三角等区域。1996 年，丽华快餐仅上千万元销售额；而现在，每年销售近 10 亿元。

更宏伟的目标

抗战胜利 70 周年大阅兵、建军 90 周年大阅兵、北京奥运会、第 14 届国际泳联世界锦标赛、上海世博会、中国第八届花博会、新中国成立 70 周年大阅兵……在国家各类重大活动中，总少不了丽华快餐的身影。如今，丽华快餐已成为共和国众多重大时刻的亲历者和见证者。

重大活动的供餐，竞争激烈，竞标严格，这么多年过去，我对重大考验早已习以为常。

说起丽华快餐和国庆阅兵的渊源，还得追溯到 1999 年的国庆阅兵，那是丽华快餐第一次与国家级重大活动结缘。丽华快餐是当时唯一入选供餐的民族快餐企业。那时，丽华快餐成立只有几年时间，而中国的快餐行业才刚刚起步。

1999年，丽华快餐为新中国成立50周年大阅兵提供餐食

2008年，丽华快餐为北京奥运会提供餐食

丨丽华快餐积极参与"非典"疫情防控

我的桌上，放着"战战兢兢，如履薄冰"的座右铭，这是给自己的警世恒言。我时刻关注"洋快餐"在中国的发展，从"洋快餐"不断开发适合国人口味的新品中得到启发，强调要学习西方的管理理念和经营之道，在单品牌旗下，研发多品种，满足多层次的需要。

丨2022年，丽华快餐为北京冬奥会提供餐食

企业要发展，就要提高科技含量，强调快餐业的适度工业化。丽华引进了蔬菜切丝机、切片机和米饭蒸煮机等先进设备，但菜肴的烹调这一环节则维持传统的手工工艺，以保证色、香、味、形俱全。我认为营养、卫生是餐饮行业的生存之本。

我们聘请了高级营养师，制定每天的配膳食谱；严把卫生质量关，保证菜肴的高度新鲜；斥巨资自建了产品测试中心，从原料采购到成品出炉都有一系列检测措施；以科技手段确保食品卫生安全——光一年的消毒剂就要花费几万元，进入操作区必须先换衣，并对双手和鞋子进行两次消毒，以保持食品安全事故"零"记录。"家庭的厨房，企业的食堂"让每个员工明确了自己的角色，牢固树立一切为了消费者的经营理念。

成功秘籍

1. 品质标准化

1997 年，丽华快餐率先在中式快餐企业中全面导入 ISO9002 国际质量体系。2003 年，通过 ISO9001（质量管理体系）、ISO14001（环境管理体系）和 HACCP（食品安全控制体系）三大体系的认证工程。这些举措推进了中式快餐的标准化生产、科学化管理，提升了丽华快餐的品牌品质，使丽华快餐在愈演愈烈的市场竞争中始终处于领先地位。

2. 配餐科学化

丽华快餐突出科学配餐，强调营养均衡。为此，在丽华快餐的企业编制中，专门设立了营养师一职。每天的食谱菜单，就是在中国营养学会营养专家的指导下精心配制的。所以，虽说只是小小的一盒快餐，但荤素搭配，确保品种丰富、搭配合理，比例适当、营养充足，从口味、热量、营养等不同方面适应消费者需求，使其得到均衡的营养。

3. 经营连锁化

丽华快餐采用统一品牌标识、统一采购、统一送餐电话、统一配送、统一制作和统一培训的连锁化体系，从而降低了单个门店的各项费用，取得规模效应，进而拓展范围经济，形成了强大的供餐能力。目前，丽华快餐在国内日销售量已超过 20 万份。

4. 通信网络化

丽华快餐采用最先进的科技武装传统餐饮业。为了保证订餐及时、准确地送到客户手中，丽华在国内率先采用了电脑接线传输系统与无线对讲系统等高科技技术，后又顺应科技发展，引进中文寻呼系统、手机短信系统、全球定位系统，成为国内最早开展电脑网络订餐的快餐公司。仅需 5 秒，消费者的订餐信息就会准确无误地传输到设置在各区域的点位，从而体现出丽华快餐作为现代快餐企业的技术优势。

5. 服务规范化

丽华快餐的无店铺销售、专业化外送模式，开创了中式快餐专业送餐服务的先河。丽华提供两类产品：一是快餐，二是服务。尤其采用电话、网站、APP、微信公众号、小程序订餐，一份起送，随叫随到，送餐上门，真正做到“一切为了消费者”，丽华快餐还送进了100多个驻京大使馆和驻沪领事馆。

6. 市场社会化

丽华快餐不仅获得了白领人士的青睐，更走进了寻常百姓之家。近年来，丽华快餐凭借新鲜、健康、安全、美味等特点，受邀承包众多企事业单位、学校的食堂和重大活动的餐食。丽华快餐，不仅仅是将商机变成效益的尝试者，更是一次次重大历史活动的参与者和见证者。

（记录、整理：吕洪涛）

我与龙泉印泥

□ 讲述人：缪德根

缪德根，龙泉印泥第六代传承人

“大家都知道文房四宝，但你听说过‘文房第五宝’吗？除了笔墨纸砚，另一宝就是印泥了。常州生产的龙泉印泥传承了300多年，与福建漳州丽华斋的八宝印泥、浙江杭州西泠印社的潜泉印泥一道，并称‘中国印泥三大瑰宝’。”

我是第一个外姓传承人

我72岁了。最近，我在忙着选址，璟昌印社很快要搬到其他地方了。

我是龙泉印泥的第六代传承人。大运河边，篦箕巷口，每天早上8点，我都会来到古色古香的璟昌印社坐班。除了是龙泉印泥的传承人，我的另外一个身份是中医。在这里，我不仅宣传印泥文化，还研究中医文化。

作为龙泉印泥的销售点，璟昌印社已经在篦箕巷待了30多年了。20世纪90年代初，师傅刘顺昌把璟昌印社开到这里。2000年，我在这里拜师。

拜师时，我就答应过师傅，一定要把龙泉印泥传下去。2007年，师傅去世，我成为龙泉印泥的传承人。

按照师傅的家族祖训，以前，龙泉印泥一直由家族内部人传承，而且传男不传女。但传到师傅这一辈，他的后代都忙于自己的事业，无心传承龙泉

缪德根在制作印泥

印泥的制作，只好传给了我这样一个外姓人。

我是一位书法爱好者，在为患者开药方时，曾用毛笔写药方，再在上面加盖一枚印章，书卷气十足。因为对书法的热爱，久而久之，我便对印泥也产生了浓厚的兴趣。

尤其是龙泉印泥，它气味芬芳，冬寒不凝，夏暑不化，燥热不干，阴雨不霉，所钤之印沉着美艳，历久弥新。

龙泉印泥创始于康熙年间

龙泉印泥至今有300余年的历史，几经断代承续。

相传，乾隆皇帝二下江南，由常州籍大学士刘纶等陪同巡游西瀛里，常州"玉堂龙泉印泥"的招牌吸引了乾隆皇帝的目光。龙泉印泥第二代传人刘仁和特向乾隆皇帝敬献了特级朱砂印泥、特级金碧印泥、极品清香印泥等6个品种的印泥。回京后，乾隆皇帝的玉玺和书画作品均试用龙泉印泥，效果极佳，于是龙颜大悦，钦定"龙泉朱砂印泥"为皇室御用贡品。

抗日战争时期，璟玉堂毁于战火。新中国成立后，师傅作为第五代传人，工作之余操练着这门祖传手艺。1992年，退休后的师傅在市文联的帮助下重操祖业。为了让龙泉印泥重新昌盛起来，璟玉堂改名璟昌印社。

龙泉印泥始创于清康熙二十一年（1682），与杭州西泠印社潜泉印泥、漳州丽华斋八宝印泥鼎足而立，被称为"中国印泥三大瑰宝"，享誉书画界。

研制恢复古法藕丝印泥

几乎所有印泥都是中医研制的，我在接手龙泉印泥后不断进行优化及研发。2008 年至 2012 年，我致力于藕丝印泥的研制，最终获得成功。

藕丝印泥由上海金石书画名家、尤擅印泥制作的壁寿轩主人徐寒光先生在百年前首创，并名之曰“泥皇”。在当时的上海滩，每两（16 两制）15 万元，远比黄金昂贵。因为只是徐先生的书房雅玩，外人无缘知其究竟，也就渐渐失传了。

如果说艾叶做成的印泥数百年都不化，那藕丝就能达到上千年。从莲藕中抽藕丝，只能纯手工操作，假定一个人每天抽丝 8 小时，半个月抽出的藕丝才够制作 150 克印泥。抽出来的藕丝还要经历浸泡、漂洗、脱胶和去除杂质等多道工序，然后在 20 多摄氏度的室温下自然干燥，最后经过 50 摄氏度烘箱干燥数天。

最后，乳黄绵软的藕丝，配以朱砂、麝香、珍珠粉、藏红花等多种名贵中药材和陈年天然氧化的蓖麻油，经过捶打、捣揉、搅拌等 30 多道手工工序，藕丝印泥方能制成。

有了我的梳理及传承，龙泉印泥于 2008、2009 年先后顺利申报成为常州市、江苏省级非物质文化遗产。2010 年，我成为省文化厅认定的第三批省级非遗项目代表性传承人。

外国记者采访缪德根（右）采集莲藕制作藕丝

做这一行一定要守得住寂寞和清贫

目前市场上的极品印泥，上千元或数千元才能购得一两，看起来挺贵，但市场太小了。可以说，印泥是小众里的小众。

近年来，龙泉印泥的销售额都在数十万元左右徘徊。租金加上人工和原材料，我每年都是在赔钱"养泥"。幸运的是，近年来，政府部门一直对龙泉印泥有政策扶持。尽管每年的扶持资金不多，但对我来说是莫大的鼓励。

做一方印泥要经过30多道工序。光是晒油这个步骤，就至少需要三年时间。2020年，龙泉印泥在芦墅桥附近的生产厂房拆迁，到现在已有一年未生产了。

如果你们去年来厂房，还能看到屋顶上成片地铺满了要晒的油。这些油包括菜籽油、蓖麻油和茶树油，大多是我从山东、湖南、安徽等地收购来的。之后，这些油经过长时间的自然风化，最后出来的，就是一层厚厚的、白色的膏状油脂。

制作印泥的另外一个重要原料就是艾叶。通过枷敲、搓板搓、用手抖再加筛子筛等步骤，获得细末状的艾草。光是这个步骤，就要十几天的时间。

制作的过程同样考验人的耐心和细心。所有的中药材要捣成粉，必须先踩，再用磨子磨、筛子筛，最后用石臼捣，直至中药材变成很细很细的粉，全部和到一起用油慢慢拌，边拌边看油色，再添加材料。连续搅拌半个月后，印泥就做成了。当然，藕丝印泥的制作工序更加复杂。

现在，买印泥的人越来越少，龙泉印泥的销量受到很大影响

由于坚持手工制作，选用上

乘材料，在书画界，龙泉印泥已成为行业内的“顶配”。一些书画名家的常用印泥就是龙泉印泥。有一次，傅抱石的女儿看到父亲用的印泥盒子，还专门找到常州来。

做印泥是很苦的，现在很少有人愿意做这个。能守得住寂寞、耐得住清贫的人才能在这一行干长久。

20 年里，全国各地找我拜师学艺的陆陆续续也仅有七八个人，但真正坚持下来的非常少。让人欣喜的是，我终于有了满意的人选作为龙泉印泥第七代传承人。

要做就做一流的、上乘的印泥。这块牌子，只能锦上添花，不能搞砸。我一直对徒弟这么讲。同时，我告诉大家，只要对印泥感兴趣，谁都可以前来观摩学习，甚至拜师传承。

以前，我们这一行传男不传女，现在只要愿意学，女孩子也可以传承这门宝贝手艺。

（记录、整理：吕洪涛）

做萝卜干也需要工匠精神

□ 讲述人：陈建新
陈建新，常州玉蝶萝卜干创始人

“常州特产五香萝卜干在百年历史的长河中，几经沉浮，久经考验，对我们常州人民作出了特殊的贡献，其深远的历史影响、卓越的产品质量成了我们常州一道亮丽的风景线。”

一

常州特产五香萝卜干以其香、甜、脆、嫩的口感成为我们常州人的最爱，它是亲朋好友的馈赠佳品，更是海内外游子的思乡之味。在百年传承的过程中，原料质量、包装及加工工艺都发生了巨大的变革，我们玉蝶牌萝卜干在行业内唱响了主题曲，我们在坚持、改革、排除万难中为文化兴市作出了应有的贡献。

我从 8 岁时就看着父亲做萝卜干，并经常打下手。17 岁，我中学毕业（常州市第十中学）就正式跟父亲学习腌制萝卜干。至今 70 岁，50 多年，我一生就加工一块萝卜干。

红皮萝卜及萝卜干是我们常州地区的主要特产之一，在特殊困难时期以瓜菜代粮，我们全家 8 口人就是以此度过了极其困难的时光。

改革开放后，农村土地承包到户及放开市场的曙光普照大地。1980 年，我在滆湖农场承包了70亩果园土地开始种植红萝卜，大获丰收，加工成萝卜干后就销往苏州，在阊门码头一销而光，本人挖得了改革开放后的第一桶金，并建造了400平方米的住房，古色古香，全木结构。当时，这在我们钟楼区首屈一指，建房用的所有建材都是在苏州把萝卜干卖完后空船带回的。

二

我共种植了三年红萝卜，但中途的艰难困苦也是无法描述的。原林场书记潘瑞法、殷副书记都是见证者，可惜现在他们已经去世了，但原林场的老职工还在。

萝卜和萝卜干是我们当地农民的主要经济来源，但在政策开放后，农民盲目种植，大量的萝卜及半成品无法出售。在1983年冬，公社领导出面找我谈话至少6次，要我带领大家致富并且解决本乡农民萝卜及半成品的销售难题。

当时，我当即决定放弃个人致富的道路，临危受命，建立了常州市北港食品厂，其中公社投资1.7万元，本人自带5万元。

建厂时资金紧张、时间短、任务重，在这特殊的困难下，我在很短的时间内用最少的资金亲自到安徽广德采购毛竹建房，当时三天三夜没有睡个安稳觉，并亲自运送。

我夜以继日地工作，带领大家在一个月内就搭建了2000平方米的简易房并采购了设备，当年解决了本乡农民萝卜的销售难题。

我们更改了包装形式和设备，不仅率先用纸箱代替之前的坛包装，还第一个采用了真空包装机，成品连续三年销售一空，获利50余万元（当年工资每人每月28元），轰动了整个公社并得到了公社领导的首肯。

三

由于成品萝卜干销售看好，三年后，整个常州市大大小小的萝卜干厂像雨后春笋一样地盖起来了，国营的、乡办的、个体户的，有百余家之多。但同时，为了获取高额利润，一些不良商家不按产品标准生产，粗制滥造，大打价格战，我们萝卜干厂也受到了前所未有的冲击。

红皮萝卜经过加工晾晒等工序将被制成萝卜干

尽管当时企业形式是比较好的，但由于乡办企业体制的原因，本人于1988年底辞职。

工人把红萝卜切成片后，进行晾晒，之后加工成萝卜干

然而，在1989年到1991年5月，食品厂出现了巨额亏损，债务达120万元，大量应收款无法收回。在当时乡领导的多次邀请下，我于1991年再次赴任，负责食品厂的全面工作，但此时的食品厂已经是千疮百孔、积重难返了。

秋季，常州的新鲜萝卜干上市了

1999年，全国乡办企业改制，我们食品厂也不例外，并于当年9月进行了转制。但转制时，这

个企业已资不抵债。转制后更为恶劣的事件接踵而来。其中有些事情让我终生难忘，这里就不一一赘述了。

1992 年到 1998 年，常州萝卜干市场一度处于崩溃的状态，我咬着牙想尽办法让企业维持下去。

四

在艰难的岁月里，我始终坚持质量第一，不打价格战，在常州第一个申报条形码，进入全国的大型超市，比如苏果、华联等。

在这种极度困难的环境下支撑我走过来的精神来源有四个：一、我父亲一直教诲我，常州萝卜干是祖宗传了百年的，一定要传下去，这个是我们的根，我们家的萝卜干情结太深了，如果从我这里断掉，愧对祖宗；二、我岳母到处陪我去借钱，总共找了 7 个亲戚，最终在他们的帮助下，我渡过难关；三、我爱人姜琴芬不管多大的困难始终不离不弃，在关键时候总是挺身而出，开着大货车到上海送萝卜干，有时一个月跑两三趟；四、最后还有坚持了几十年的几位老员工——杨仁娣、陆才元、陈丽芳等，在 2 年工资不发的情况下，都毫无怨言，并且还安慰我。尤其是杨仁娣，她还为我借款，她曾说：“陈厂长，我相信你，凭你的努力，我们厂会翻身的。”

陈建新在苏北建造了萝卜干半成品加工基地

就这样，我一直坚持到 2009 年，终于迎来了春天。《食品安全法》于这一年出台，当年就有 90% 的私人萝卜干作坊停产。我们这种注重质量的企业迎来了曙光——我们企业是酱菜行业全市第一家、全省第三家获得了 QS 生

| 陈建新说，每年秋季，萝卜干还没包装好就被预定了

产许可证的企业。就这样，我们逐步赢回了市场。

五

现在的玉蝶萝卜干，获得了“常州市十大美味”的称号，是唯一能走出常州，走向全国市场的常州萝卜干品牌。我们的腌制技艺在全国来说也是跑在前面的，在防腐的国家标准下，不需要巴氏消毒，就能达到10个月的保质期，我们的这种独特的技术最大程度上保证了常州萝卜干的“脆性”。

十几年来，我们企业为传承和发展，保证萝卜干质量主要在以下几点上做工作：

一、建立繁种基地，保持萝卜干纯正品质

常州红萝卜是常州独有的农产品，其中的小芥种，是制作常州萝卜干最好的一种红萝卜，呈鸭蛋形，鲜萝卜在150克至200克之间。小芥种红萝卜皮色鲜红光滑，肉质清脆，甘甜爽口，个头匀称，大小适中，素有“小小萝卜赛鸭梨”之称。这种萝卜开片腌制后的萝卜干吃起来香甜、爽口、清脆。在常州乃至国内也仅有玉蝶厂对常州红萝卜的种子资源进行过长期性、系统性的提纯复壮工作。

二、扩建原料种植基地，提高生产能力

随着市场越来越规范，经济利益不如以往，农户种植红萝卜的积极性不高。近年来，在常州市各级政府职能部门的支持下，我们也在不断努力，使常州红萝卜重新在本地生根发芽。

通过实施红萝卜种植生产基地建设，签订收购合同，与种田大户建立稳定的产销合作关系，形成了红萝卜的产业化合作生产模式。企业提供优质红萝卜种子，并制定严格的生产标准，做到无公害种植，确保红萝卜的质量安全。此外，定点种植培育、收购加工，基地所产红萝卜企业100%回购，并实行最低保护价。

几十年来，我们为北港及周边地区的老百姓脱贫致富付出了巨大的努力，用现金收购了几千万斤萝卜和萝卜干，解决了当地农民的销售难题。

三、改善生产环境，配套硬件设施

为了解决企业产能不足的问题，满足市场的需求，同时为了更好地传承发展萝卜干生产技艺，2011年，我们在钟楼经济开发区桂花路京杭大运河畔建设了新的厂房。

该厂房总投资2500万元，占地面积5360平方米，建筑面积达7676平方米。我们在屋顶修建了3000平方米晒场，保有芦蓆2000扇（是常州历史上规模最大的晒场）。在新建厂房的地下室（1000平方米）建设了48个萝卜干腌制池，常年保持低温恒温。我们还对生产机械不断进行自动化改造，持有相关专利4项。

四、引进技术人才，创新生产工艺

为确保萝卜干质量，我们企业建立了质量可追溯系统：从田头到腌制，从包装到物流等均实行质量的可追溯。为了进一步完善生产工艺，陆续添置了新型生产设备、包装设备和检测设备，使企业生产逐步向机械化、自动化过渡；进一步完善各项细节管理，将食品卫生、安全作为最重要的工作来抓，保证产品质量，在广大消费者心中树立产品的好形象。

我们大力引进食品相关专业人才，并培养了两个非遗传承人（陈雪波、徐进），后继有人。在原料种植、采收、贮存、工艺执行、环境维持、制度化管理上全过程可控、可追溯。几十年来，我们保持着国家级、省市各级抽检100%的合格率，做到这一点是极不容易的。目前，我们企业的产品质量长期稳定，市场销售稳步增长，企业发展生机勃勃。

我们企业是一个家族企业，发展到现在是一个长期艰苦的过程，从无到有，从小到大，在市场激烈的竞争中生存下来，我们企业坚持了几十年"质量第一"的发展思路。

常州特产五香萝卜干是我们常州人民的共同财富，是我们的骄傲，我们的每一位市民都有责任来支持和爱护她。玉蝶在2009年成为省级非遗保护单位，2015年获得"江苏老字号"称号、"江苏省非遗生产性保护示范基地"称号。这几项含金量极高的省级荣誉也是常州萝卜干行业中玉蝶所独有的，是无法用金钱来衡量的。

玉蝶的发展离不开常州各级政府的大力支持，离不开我们这个时代的进步，离不开党的正确领导，我们唯有兢兢业业传承好、发扬好常州萝卜干这块金字招牌，才能不负众望。

在今后的发展中，我们玉蝶准备做好以下几件事：

一、争取把玉蝶萝卜干的腌制技艺列入国家级非遗名录。

二、结合大运河历史文化，把我们的厂发展成一个文化旅游景点，提高常州市民对萝卜干历史文化的认知，提高产品知名度，使得玉蝶牌萝卜干成为常州响当当的名片。目前我们已经投资了300多万元，设置了萝卜干展馆、非遗大讲堂、运河文化历史区、透明车间等区域，具备初步的接待能力，已经接待常州中小学生40余批次。

三、不断挖掘常州酱菜美味，开发多样化产品，提高产品的质量和档次，深化常州文化内涵。

（记录、整理：吕洪涛）

从金狮到常橡

□ 讲述人：吕文龙

吕文龙，原金狮自行车总厂下属企业常州市自行车三厂厂长

“20 世纪 70 年代到 90 年代，我把自己最好的年华奉献给了‘金狮’。20 多年的时间里，我从学徒做起，逐渐成长为金狮自行车总厂下属企业常州市自行车三厂的厂长。当年，我见证了‘金狮’一步步走向辉煌。这么多年过去了，我最怀念和最难忘的仍是在‘金狮’的那段岁月。”

在基层得到锻炼，我爱上了这份工作

1973 年，19 岁的我高中毕业。我本来想当兵，在那个年代这可是非常光荣的，但因胃下垂而未能如愿。同年 10 月，我被分配到金狮自行车总厂做学徒工。

刚进厂的时候，我在车间跟着老师傅学做钳工。20 世纪 70 年代初，能读到高中的只有很少一部分人。我文化水平高，肯吃苦，别的高中生要跟师傅学满两年才能出师，我一年就出师了。到了第二年，还出现了师傅反过来向我学习的情况。

那时的钳工，更像一名全能的修理工，零件坏了要钳工修，机床、锅炉坏了也要钳工修。除了当修理工，我还刻苦钻研，当起了开发产品的工程师。

吕文龙回忆金狮自行车的峥嵘岁月

为了开发新产品，当时，我和同事们每天工作十几个小时。

在这期间，我在焊接车间工作的时间最长。焊接车间温度高，一不小心就会被烫伤。有一次，一位工友不小心把水滴进盐浴炉，升降机又刚好落下，我就被溅起的热水烫伤了，但我还是坚守岗位。

因为工作出色，我于 1976 年光荣地加入了中国共产党。在金狮自行车总厂车间当工人期间，我六次被表彰为常州市劳动模范。

青年志愿突击队受到团中央的表扬

随着金狮自行车总厂的不断壮大，产能持续扩张，生产任务也越来越重。为了抢生产，我受到当时电影里面工人们的启发，主动向厂里提出成立一个青年志愿突击队。

这个突击队由 10 人组成，都是厂里的业务骨干，我任队长。我还向厂里申请，把地下室给突击队当工作室，后来这间工作室不仅成为队员们工作的地方，也成了大家休息的地方。

我家离厂很近，但我把大部分时间放到了工作上，晚上睡觉都不回家，只为多干些事。那时候，我们就想着奉献。最高兴的是，晚上干活到九十点的时候，厂领导常会拎着麻糕来看望我们，我们感觉很有成就感，很满足。

在工作室奋战了两个月后，终于有了收获。1976 年国庆前夕，第一台自行车前轴皮加工自动机器作为献礼项目完成了。

起初很多老员工都不相信，于是，我就开动机器，连续工作了8个小时，没有出一点故障，终于赢得了掌声。后来，我们又接连赶制出了10台这样的自动化机器。

就这样，我带领大家攻克技术难关，夜以继日地工作，最终将这面青年志愿突击队的旗帜一路扛到了北京。

1979年，突击队受到了团中央的肯定，获得“全国青年突击标兵”称号，并获发了奖状。当时获此殊荣的，全国只有10个团队，我个人被评为“全国新长征突击手”。

当时，金狮生产的变速车风靡全国

进军外贸市场，金狮成立自行车三厂

改革开放后，金狮自行车总厂要开拓新的项目，进军外贸市场，厂领导第一个就想到了我。

厂领导在已收购的四家厂中选定勤业桥下的一家，成立专门为金狮发展外贸的常州市自行车三厂。

金狮生产的变速车

常州市自行车三厂揭牌成立

该厂于1987年挂牌，上级派我去当厂长，把我送上了新的"战场"。

新的"战场"形势严峻。原厂亏损严重，停产已有一段时间，连工人的工资都发不出，整个厂的账户上仅剩7分钱。但我没有退缩，下定决心，要靠着总厂给的30万元起家。

我一上任就换上工作服，和工人们一起干。做外贸的要经常出国考察，参加行业博览会。有些人出国是去玩的，而我却抓住难得的机会好好学习。

我在展览馆看人家的产品，可以站一天，不到闭馆不出去。看展览的时候，我还喜欢记录，照着人家的产品画图纸。别人出国带回来很多礼品，而我总是带回来一沓沓图纸。遇到不会的地方，人家现场展示的时候，我就挤上去问个明白，语言不通就找个热心的同胞当翻译。

我不光画图，遇到国际一流的展品，还千方百计将其弄到常州。有一次，我去欧洲参观，看到国外参展的钛合金变速自行车和零件，很感兴趣，便想拿回国内研究。于是，我就天天去展览会，对着展览商软磨硬泡。

最终，人家被我的精神打动，展览结束的时候，把那辆自行车送给了我。后来，就是利用这辆变速车，常州市自行车三厂生产出多变速自行车。由此，我们的企业成为全国首批生产多变速自行车的厂家。而国内其他厂家开始生产此种变速车时，常州市自行车三厂的变速车已经天天有集装箱在排队等着运出国了。

从30万元起家，到年收入2亿元

在我的带领下，常州市自行车三厂实现当年建厂，当年出口产品，当年扭亏为盈，并于1990年和香港柱宝公司成立了金狮集团常州市自行车三厂金宝自行车有限公司，专门生产金狮牌变速车。

由此，金宝自行车有限公司很快发展成为“金狮”众多分公司的佼佼者——20世纪90年代中期，公司拥有400名员工，年收入2亿元，上缴税款2000多万元，这在当时算得上天文数字了。由于成绩出色，该公司很快获得了常州市外贸出口优秀企业的荣誉，这是常州首个获得此殊荣的企业。

20世纪90年代，一辆变速自行车的价格在400元左右，相当于普通人一个月的工资，价格不菲。因此，产品大多出口到国外，国内消费者想买需批条子。

我印象最深的是有一位宜兴的小伙子，来到厂里一定要买变速自行车。工作人员告诉对方货源紧张，拿不到货。这下子可把小伙子急坏了。原来小伙子要结婚了，女方指定要金宝自行车有限公司的自行车。我得知情况后为其特批了一辆，还为他打了折。

1995年，我被调动到常州橡塑机械总厂担任厂长。尽管工作繁忙，但我仍然关心着金狮变速车事业的发展。

吕文龙（左一）陪同领导检查车间

后来，随着市场的发展和人们观念的不断更新，公司于1996年开始逐步走下坡路，直至破产。尽管离开"金狮"快30年了，但在"金狮"的那段岁月，我永远难忘。

拿出自己的私人存款作抵押，盘活常州橡塑机械总厂

我刚到常州橡塑机械总厂时，该厂缺乏流动资金，设备陈旧，产品跟不上时代，效益很差。搞科研没有钱怎么行？我始终相信"时间换空间"，只要有时间，我就会把企业搞活。

1996年，常州橡塑机械总厂生产出口产品的工具厂争取到了美国洛德麦斯特公司的健身马产品的生产和出口任务，但是，当时厂里资金严重匮缺。刚巧，常州橡塑机械总厂在常州市清潭信用社有一笔贷款到期需要转贷，但是当时马上要过年了，信用社开始收贷，不肯办理转贷手续，厂里经办的同志急得如同热锅上的蚂蚁。

我得知情况后，毅然拿出自己的私人存款3万元，存入信用社作为信誉抵押，总算办妥了转贷手续。后来，资金还是不够，我又向一位好朋友开口，朋友二话没说把钱借给了我。

朋友相信我，说只要我在，这笔钱一定会还的。这是我多年以来奉行"做事先做人"原则的善果。

我做事喜欢身先士卒，与一线工人师傅一起没日没夜地干，做起事来加班加点地连轴转。我这种吃苦耐劳的实干精神深深地打动了全厂职工，一场群众自发的你追我赶的劳动竞赛在全厂展开。

短短4个月，常州橡塑机械总厂就生产了18000余台健身马，创汇47.6万美元，工厂一举实现扭亏。那一年，常州市首次评选"职工信赖的好厂长"，我名列其中。

当时，国内轻机行业竞争激烈。在详细分析了国内轻机产品市场的状况

后，我又走出了新的一步：瞄准市场，不失时机地抢占制高点。我提出“在确保产品质量的前提下，实行降价销售”的策略。经过一年的实践，这个策略不仅拓展了市场，拉住了客户，还开辟了新的销售渠道。

多年来，我虽然一直做企业的负责人，但是始终保持着工人本色，坚持吃苦在前，从来不搞特殊化。在我的工作日程表上，从来没有星期天，也没有节假日。我经常听取员工和其他领导意见，善于分工合作。此外，我大胆提拔青年人才，发挥他们的创造力。

常州橡塑机械总厂已经从单一产品发展为对外投资、合资、合作齐举的常州橡塑机械有限公司，橡塑机械、外贸工具、煤矿防爆车、塑料膜生产并进，销售额年年增加，2009 年超亿元。

我把员工当家人，让他们的口袋装得满满的

1995 年，因工作调动，我来到常州橡塑机械总厂当厂长。初来乍到，我首先抓了三件事：食堂、澡堂和集体宿舍。

这三件事不仅关系到厂子的脸面，还关系到员工的福利，关系到工厂的人性化管理，就算没钱也要把这三件事情搞好。

我千方百计挤出资金，建造了 400 平方米的集体宿舍、浴室、食堂等生活设施，还专门为新进厂的大学生建了一座篮球场。

对于一些家庭困难的员工，我也经常伸出援助之手。2003 年，公司技术科骨干恽红星突发脑溢血，治疗几个月也不见效。当时，他的妻子下岗，儿子又要考大学。全家的生活都靠恽红星，家里失去了顶梁柱。我知道后，立即捐了 8800 元钱给恽家。恽红星的儿子考上了苏州大学，我每年出一部分学费，一直供他读完大学。

像这样的捐款还有很多，我觉得不值一提。

2009 年农历春节前，常州橡塑机械有限公司决定拿出 23 万元奖励员工，

这是一笔工资、年终奖、股东分红等之外的奖励。关于奖金的分配，公司10个部门负责人在自己申报的基础上，背对背各自在纸上写钱应该给谁、给多少，然后由财务部门统计、分发。

结果，公司技术部门"顺应民意"，拿得最多，因为这一年他们开发出了许多新产品，作出的贡献最大。看到这样的结果，我非常高兴——这和董事会审核的结果一致。

2010年，我在公司的股东大会和员工代表大会上提出，将上年23万元的奖金增加到本年的230万元。

实际上，我只是要让员工有家的感觉。这可能跟许多企业注重创收的口号很不一样，我把员工当成自己的家人。从一个小工人到公司领导，自己干了这么多年，收入确实增加了，可钱拿得再多，摆在家里也是一张椅子一张床。我所想的，只是如何带领那些为养家糊口而拼命工作的员工在做强做大企业的基础上，个人的口袋也装得满满的。

（记录、整理：吕洪涛）

做通信，我们遇到了好时代

□ 讲述人：马福政

马福政，常州市卡特通信有限公司总经理；改革开放后，常州通信行业的首批创业者

“20 世纪 90 年代初，常州通信市场开始出现个体户。我们沿街摆摊，从兜售电话机、BP 机开始，随着通信行业的发展，产品逐步过渡到大哥大、普通手机，直至智能手机。

“20 多年过去，那一批最早涉足通信市场的个体户，有的仍在坚守老本行，有的已经‘隐退江湖’。得益于那个时代通信行业的迅猛发展，中间不少人从白手起家，变成如今的行业大佬。我们的经历，是改革开放后我市通信行业成长变迁的见证……”

20世纪90年代初期，通信器材市场开始有个体户涉足

1992 年 12 月 26 日，一大早，清潭路上响起了鞭炮声。鞭炮响处，一条大大的白底红字横幅悬挂在两棵大树之间，上面“卡特通讯研究所开张大吉”几个大字格外醒目。就这样，我这个销售通信器材的门店终于开张了。

鞭炮放完，我站在寒冷的冬日里，心里暖暖的，默默地为自己点了一个赞。要知道，在此前，我还是我市一家通信器材厂的员工，收入稳定可观。一般人在快 50 岁的年纪干脆等着退休了，而我却选择做一名个体户，这需要很大的勇气。

多年后，我回忆起当时的情景，认为这是人生中最重要的一次决定。邓小平同志在那一年发表了南方谈话，全国改革开放的大潮再次涌起，我被感召下海，并遇到了好时代。

后来，我的门店越来越多。我收藏的一张2001年的公司通讯录显示，当时，我的门店数量已经达到了15个，这是我经营门店最多的时期。

我在清潭的门店开张时，全市销售电话机等通信器材的个体户门店寥寥无几。而我，也成为常州最早一批销售通信器材的个体户之一。

20世纪90年代中期，经营通信器材的个体户开始多起来

最早，我的电话机都是从"小广东"那里拿货的。"小广东"名叫李焕明，广东潮汕人，因为年龄小，才得此绰号。他卖通信器材，比我还要早。

据了解，李焕明是1991年来常州的。第一次来常州，他背了四大包从香港进来的电话机、随身听等物品。很快，这些电话机被武进一些乡镇企业买光。

李焕明15岁开始做生意，中学毕业后只身一人来常州打拼，他的创业经历和许多潮商有着类似的轨迹：草根出身，来自社会底层；智慧与才能更多来自生活的磨砺；凭借似乎天生的商业头脑与坚韧不拔的拼搏精神一步一步走向事业有成。

20世纪90年代，马福政第一家通信器材门店卡特通讯研究所开张

1991年，香港地区售卖的随身听、录像机、小家电、日化用品等等在内地还很吃香，因为靠近香港，拿货方便，李焕明也寻思着进些货到内地，父亲给了第一次出门的儿子2万元，那是家里的全

部积蓄。

马福政在清潭开张的通信器材店成为常州最早一批私营的销售通信器材的门店

李焕明打算去的是杭州，不过在上海火车站转车的时候，因为售票员没有听清他的广东口音，他也没注意，拿着一张到常州的票就上了车。下了火车，也只能将错就错。从常州火车站到北大街的一个小旅馆，路程不算远，不过瘦小的他一人扛了四大蛇皮袋的货物，几百斤重，所以想叫个车。一问价，一辆三轮车要一块半，李焕明还是没舍得，就这么拖着四个袋子一步步挪，那段路，他走了两个多小时。

李焕明晚上住在 5 元一个床位的旅馆里，白天就拿着货出门，一家店一家店地兜售，一个多月后，货全部卖完，赚了 5000 元！

第二年，他进了更多的电话机，并和当时位于延陵西路上的第九百货店合作，临街租了一个 4 平方米的店铺，开始真正地扎根常州，销售电话机、BP 机等通信器材。

在那个固定电话入网费都要几千元的年代，个体户们的电话机因为款式新颖、价格便宜，受到市民们的欢迎。于是，销售通信器材的个体户门店也开始多起来。

1994 年，我在轻工商场、原市邮电局对面租门店卖通信产品，引起不少议论。不少人问：谁这么大胆子，敢在邮电局门口开店？但后来，看我生意不错，选择开店的个体户也多了。

BP机、大哥大、二哥大等通信工具，成为那个时代的记忆

在我的记忆中，我们那时候，最初的主要产品是固定电话和BP机。而且，电话机中的子母机比较时髦。所谓子母机电话，就是几部电话共用一个号码，母机上的电话可以转到子机上。一个固定电话机两三百元，一对子母机电话从三四百元到千元不等。BP机最便宜的千元左右，贵一些的数千元。

20世纪90年代初，电话还是稀罕物，不过常武地区的"电话村"运动已渐渐有了苗头。李焕明嗅到这其中的商机，1992年底，他在延陵西路第九百货商店租了一个4平方米的店铺卖电话机，一年后，他经营的电话机批零业务占据了常州市场70%以上的份额。

就在通信行业个体户兴起的同时，大哥大作为新兴事物开始出现在市场上。电信部门提供的档案资料显示，1992年12月29日，我市首次举行了大哥大优选号码的拍卖活动。当时，全市大哥大用户为300多户。

当时，还流行一种二哥大，属于长距离无绳子母机电话，主机需要装一二十米的室外天线。但接收信号没有大哥大的范围广，只有3公里、5公里、15公里这几种。因为天线的频点不是由市无线电管理协会等部门分配的，且对电视信号有干扰，我市对二哥大管理严格，有关部门经常组织检查，查到天线就没收。

大哥大在当时是身份的象征，一只就要三四万元

1996年是电话机市场日趋饱和的一年，也是竞争最激烈的一年，李焕明开始思考新的出路，他发现大哥大当时还是被邮电局垄断的。"嗯！机会来了！"他对自己说。当国家开放手机市场后，他立即成立常州电通集团，把手机作为主营业务之一，从中国香港地区及韩国等地引进手机，大规模发展连锁经营。

然后就是从大哥大到手机，从 1998 年到 2003 年，电通集团的手机销售几乎垄断了常州市场，业务量占到 80% 以上，并向南京、无锡等周边城市挺进。

那时，我们个体户逐渐把主要精力放在移动电话大哥大的销售上。我记得，当时通信个体户中的大哥大相当一部分是从李焕明那里进货而来的。他在广东有渠道，而且，大哥大价格贵，需要几十万元，甚至上百万元的现金流，一般人承受不起。这说明，当时的李焕明实力还是可以的。

当时市面上的大哥大品牌不多，大都是摩托罗拉、诺基亚、爱立信、索尼等几个品牌。他的首批大哥大是从广东番禺进来的，数量十几个，价格大都是三四万元一个。在当时普通上班族一个月工资只有几百元的时代，能买得起大哥大的都是有实力的老板。

当时，大哥大就是身份的象征！

有人从拉客户的“二老板”起步，成为行业佼佼者

20 世纪 90 年代中后期，为了让生意更加红火，市面上销售大哥大的个体户中流行找“二老板”合作的营销手段。

这些通信个体户找人当“二老板”，让他们拉客户，买卖成功，二者按比例分利润。如今，在邮电路上管理 150 多家通信器材摊铺的丁玉芳就曾有过做“二老板”的短暂经历。

1998 年，在邮电路上摆摊卖水果的丁玉芳经人介绍，开始往文化宫附近的私营门店中拉客户。

由于肯吃苦、干劲足，少的时候，丁玉芳一天能挣几百元，最多的一天挣了 8000 多元。半年过去，她就赚了十几万元。

这笔钱，成为她人生中的第一桶金。她用这笔钱，和人合开了邮电路上的第一家通信市场。后来，我市打击拉客户买大哥大的行为，市场开始逐渐规范。

同时期，劳动西路、早科坊、局前街、南大街等地方，私营的通信门店越来越多。而做得比较好的，除了李焕明和我两人的门店，还有正大手机城、嘉和通讯设备有限公司等。

如今，邮电路上聚集的手机摊铺达三四百家

进入千禧年后，通信行业迅猛发展。通信工具更新换代，大哥大之后，诺基亚手机流行，之后智能手机又成为市场新宠。

而常州通信市场经过更新迭代，也发生了变化。自从丁玉芳等人承包经营邮电路通信市场后，到这里安营扎寨销售通信设备的越来越多。但据她讲，早期的很多店主都是她到各地亲自“请”来的。其间，市场经历了几次起伏。最终，在大家的努力下，邮电路的市场越来越规范、健康。后来，除了她经营的市场，邮电路上又陆续增加了几个市场。如今，邮电路上的手机摊铺已达三四百家。

现在，通信市场越来越兴旺，越来越有序，我们很幸运遇到了这么好的时代。

（记录、整理：吕洪涛）

父子两代人的骑行故事

□ 讲述人：陈红

陈红，改革开放后常州最早骑行者之一，现为常州福地置业有限公司董事长

“新中国成立前，父亲就因为骑行闻名上海滩，他是中国自行车运动的先驱性人物。受他的影响，我也成了一名骑行爱好者，并在20世纪80年代用一辆自行车骑行了大半个中国。在我心中，父亲是真正的‘骑士’，因为父亲不仅在20世纪30年代就参加各种骑行比赛，还曾冒着枪林弹雨为淞沪抗战中的爱国官兵送过珍贵的电报……”

20世纪30年代，因为在电报局骑车送电报，他和骑行结缘

父亲陈锡度于1915年6月出生在武进洛阳镇朝南村石皮桥，1983年因病去世。父亲在20世纪30年代开始接触自行车运动，并多次在国内、国际比赛中夺冠。可以说，父亲代表了当时中国自行车运动的最高水平，他们那一批运动员应该是我国最早的自行车运动员。

父亲的骑行和他在1930年到上海电报局工作有着至关重要的关系。父亲如果不去做送电报的工作，就接触不到自行车，就不会喜欢上这项运动。因为在当时，在上海送电报都是骑车去的。

提起到那里工作，还要感谢一个人呢，那个人就是盛宣怀。听父亲讲，

陈锡度在20世纪30年代组织自行车骑行活动

上海电报局成立的时候，由于盛宣怀的缘故，里面用了不少常州人。盛宣怀是清末洋务派，电报局就是他创立的。所以，上海电报局成立后，不少像我爷爷一样的常州人通过关系进入电报局工作。后来，爷爷又把我父亲带到那里工作。

在上海滩，父亲每天骑车穿街走巷送电报，随着工作的深入，他慢慢地喜欢上了骑行，并练就了一身好骑技。

当时报道说，他组织的骑行旅游在我国属于"创举"

父亲在 20 世纪 30 年代就经常组织上海青年骑行旅游。在节假日，他们一起骑行到镇江、南京、杭州、宁波等地，不仅锻炼了骑技，还开阔了眼界，宣传了自行车运动。

我收藏的老报纸中有一张是发黄的南京当地报纸，报纸年代已经不可考，上面记载了父亲带队从上海骑自行车旅行的故事。报道中，他们组织的自行车旅游团队叫"自由车旅行团"。

报道称其"本月十日从沪出发，本月十一日到镇江"，从上海到镇江再到南京。该报道还引用同骑行者郭仲贤的话说："在欧美各国，自由车旅行团组织司空见惯，但在我国，尚属创举。"文章最后还提到父亲是"本届上海国际自由车冠军"。

那时候，自行车叫“自由车”；为了省钱，他靠吃泥鳅增加营养

丨陈红的父亲陈锡度（42号）参加骑行活动

在这些老报纸中，凡提到的比赛都是自由车比赛，而非自行车比赛。其实，那时候自行车就叫自由车。

父亲在一封写给某编辑的信中，就提道：“我是一个三十年（20世纪30年代）的自行车（当时叫自由车）运动员……”

在这封信中，父亲介绍自己在1932年到1937年间曾三次参加沪杭旅行预赛，两次参加锦标赛，两次参加国际邀请赛。最后，他写道：“由于日寇侵华，我停止了自行车运动，1948年回乡参加地下工作。”

在另外一封信中，父亲回忆了他们在国民政府时期从事自行车运动的艰辛。“第一是赛车的造价，当时，一辆赛车要花100块钱以上，但身为一名工人，一般一个月收入在20元左右。”要不吃不喝5个月才能买一辆自行车，他的压力可想而知。

后来，父亲想出一个办法。他联合几个骑友，成立研究会，通过组装的方式，自己打造自行车。这样，一辆自行车只需花费三四十元。

当时，父亲经常和外国选手同场竞技。他发现，外国选手营养有保障，而中国选手大都营养不良。在信中，他回忆，为了增加营养，就经常到城隍庙去买泥鳅。

淞沪抗战期间，他九死一生为前线抗日部队送去电报

父亲和自行车的故事中，有一个故事最令陈红感动，这个故事就是父亲

给他讲过多次的"为淞沪抗战中的19路军送电报"。

相关资料介绍，淞沪抗战中，上海的通信设备和网络在战火中遭到毁灭性破坏。战事中，上海国际电台、上海电报局的报差们冒着战火，骑着自行车穿梭在十里洋场的各大公司之间，投送电报。

父亲告诉我们，当时上海电报局的报差去送报很危险，员工都不愿意去，就采取抽签的办法。有一次，为19路军送电报，他主动请缨，并冒着敌机扫射的危险完成任务。归来时为避开敌机，他沿小河扛着自行车走。辗转多日，加上饥寒交迫，回家时，新婚妻子都差一点认不出他来了。

关心自行车运动发展，他写信给国家体委，得到积极回复

在众多收藏物件中，有几封来自"中华人民共和国体育运动委员会"的信件特别引人注目，这些都是上级回复给父亲的。

20世纪50年代到80年代，父亲很关心我国自行车运动的发展。其间，他向上级写过不少建议。这些建议，不少都得到了回复。

在一封回信中，国家体委这样回复："老陈同志，你提供的来信和资料对于了解和研究解放前我国自行车运动开展和发展的历史具有很好的参考价值，你的信对我们有很大教育。"

父亲对自行车运动的喜爱传递到了我身上。在我的骑行过程中，父亲的一些建议也很有用。比如，除了自行车训练外，还要进行一些辅助性练习：每天跑步5公里，晚上跳跃1000次，俯卧撑每天2次，每次100个……

靠着自己的努力加上父亲的训练，我在20世纪80年代骑自行车环游了大半个中国。

三个假期，骑行12000公里，踏遍了大半个中国

"世界那么大，我想去看看"，很直白坦率的一句话，却勾起了不少人

心中最初的那份悸动。世界很大，梦想很美，但是有几个人能真正潇洒地踏上旅途？30 多年前，我曾于 1985 年至 1987 年间，骑着单车穿越了半个中国，实现了当时“想去看看”的梦想。

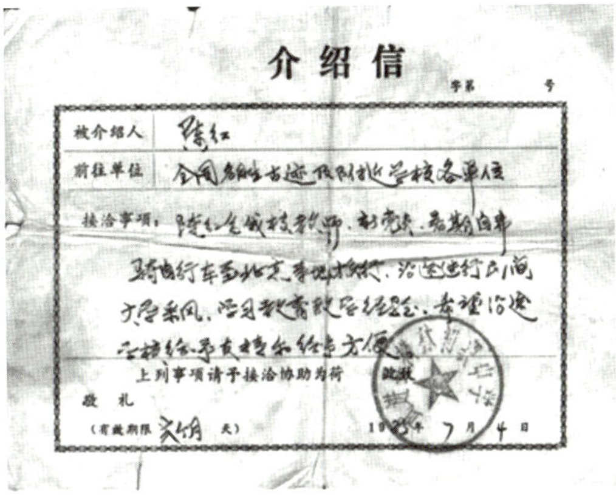

介绍信

字第　　号

被介绍人　陈红

前往单位

接洽事项：

上列事项请予接洽协助为荷

此致

敬礼

（有效期限　　天）

年 7 月 4 日

20世纪80年代，陈红骑行环游中国时开的介绍信

当年，我为旅行专门手绘了骑行路线图。如今，这张保存完好的手绘图已经泛黄，但上面的字迹和路线仍清晰可见。

这张路线图显示，1985 年至 1987 年的三个暑假，我骑单车游历北京、天津、河北、山东、江苏、浙江、福建、广东、广西、贵州、湖南、湖北、江西、安徽、四川、青海、河南、山西、海南等近 20 个省、自治区、直辖市，足迹踏遍了大半个中国。

30 多年前，这次旅行共计 178 天，总里程近 12000 公里，北抵长城，南及海南，西临峨眉山，东到渤海边……

除了兴趣和梦想，那次骑行还和父亲的一个约定有关

1983 年我从学校毕业，之后进入武进一所中学担任老师。在 1985 年正式旅行前，我和同学专门进行了一次体验骑行之旅。体验行的线路主要是苏锡常，历时 3 天。

经历了无锡、苏州之行，我对利用暑假骑车旅行充满了信心。其实，在此之前，我已经积累了不少经验。我受父亲的影响，喜欢自行车运动，喜欢锻炼，身体素质不错，这为长途骑行打下了良好的基础。

20世纪80年代，陈红在骑行的路上

除了兴趣和梦想，之所以要完成那次骑行，还与父亲的一个约定有关。大学毕业前一年，他和我相约，要骑行去山东。但是，约定还没实现，他老人家就去世了。

在我保存的资料和实物档案中，有一张暗红色的自行车行驶证特别引人注目。该证上写有“武进公安局”等字样。那时候，骑自行车必须要有证件，和现在开车需要行驶证一样。

除了自行车，我骑行的准备物资还包括微型打气筒、军用水壶、人造革旅行包、书籍、圆珠笔、照相机、铁链、钢钎、大白兔奶糖以及防感冒和防中暑的药物。其中，相机是借的，链条、钢钎是锁车和防身的，大白兔奶糖是补充能量的。

三个暑假的骑行，我一共花掉了1385元。当时，我一个月的工资才48块钱。三次骑行，差不多花掉了我两年半的工资，这在当时是很需要魄力的。

如果没有地方政府、文联、体委、各大院校提供免费住宿等帮助，我的花销会更大。当时我除了老师的身份，还是市文联民间文学研究会和市体委自行车运动协会的会员，因此在骑车旅行中得到了一些帮助。

那时候，旅行的人很少，我受到大学生的追捧

当年，和我一样到全国旅行的非常少。我曾经在日记中记载了一位老干部走遍全国的事情。

那位老干部来自杭州军分区，当年65岁，靠步行和搭乘别人的车子穿越

中国。他退休了，老伴也去世了，他想用剩下的时间走遍全国。他的上衣口袋里有红色塑料袋，里面有遗书和一点钱。他说，万一在外面突然死了，发现的人可以知道他是谁，把钱给发现者，用来通知单位和子女。

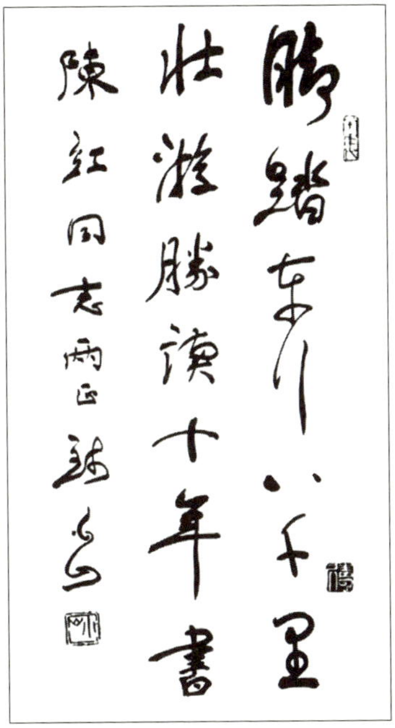

常州著名书法家钱小山写给陈红的书法作品

正是因为在那个年代，走遍全国的人很少，所以我走到哪里都会享受到欢迎英雄般的待遇。在北京，我被清华大学学生会热情地安排到学生宿舍住宿。晚上闻讯赶来的清华大学学子们挤满了宿舍和过道，听我讲旅行中的见闻和趣事。除此之外，我还受到南开大学、厦门大学等名校学生的追捧。

当年骑单车旅行，基本上每天都要骑行上百公里，最多的一次是一天骑行了 220 多公里。骑行中，我还不慎摔伤过。最严重的一次是在成都的雨中，当时双腿受伤，血流不止，但简单包扎后，我继续上路。

当时旅馆一两块钱住一晚，最贵的3块钱

旅行途中，吃住是头等大事。那个年代，中国的旅游业还未起步，旅馆的数量很少，且都非常简陋。

第一年的暑假，旅行途中，我骑车从北京往山西方向赶。出北京 300 多公里后，我才在山西大同上寨遇到出京后的第一家旅店。

我在日记中这样记载：“旅店是破破烂烂的老房子，看着像大户人家的老宅或祠堂。我被安排进一间破房。我问茅房在哪儿，店家指了指房门外草丛中有几块石头的地方。”日记中还谈到了住店的价格，住一晚 1 块钱。而且，

还记载了当地人喝酒的情形，很是有趣："主人从坛子里倒出一大碗白酒，每人喝一口，然后传给下一个，这样周而复始，喝浅了再添。"

当年，我住过价格最高的旅馆是在重庆。骑行到重庆后，我打听到重庆住宿最低价是每晚 2.5 元，但很难找。后来，找了很久，且加上被照顾，才找到一家每晚 3 元的旅店。

（记录、整理：吕洪涛）

理发店中的“明星”

□ 讲述人：陈阿东

陈阿东，常州原明星理发厅店员

“30年前，常州较大的理发店只有三四家，这几家店中，要数明星理发厅最有名，因为这家理发店是常州唯一的特级理发店。现在还有不少人记得每次去延陵西路上的明星理发厅排队的情景……”

明星理发厅有百年历史了，当时在这里理发是身份的象征

我今年64岁了，只知道明星理发厅在1949年前就有了，但具体什么时候开张的，刚开始我也不太清楚。

我是在20世纪80年代初进入明星理发厅工作的，当时明星理发厅的经营性质属于国营。工作后，我从最初的生产组长一直干到理发店副主任。对于20世纪80年代以来的明星理发厅的历史，我熟稔于心，但是最早

明星理发厅开业10周年旧照

| 20世纪八九十年代，明星理发厅为客户剪的发型

的历史的确有些模糊了。

后来，我经过打听了解到，明星理发厅开张于1920年，当时，一位姓朱的师傅在南大街孙府弄口创办了明星理发厅，这是常州出现得最早的理发店。

在这之前，理发都是单干作业，由剃头匠挑担夹包走街串户上门服务，工具也非常简单：一把梳子、一把剃刀、一把剪刀。

后来，留日学生将日本理发、推剪技术引入国内，先在上海等大城市开办理发店，式样有“东洋式”“园平式”“西洋式”等。随后，这种理发店的模式渐渐向周边城市蔓延。

老一辈的理发师傅讲，明星理发厅开张后，因为收费高，在此理发一时成为身份的象征。特别是自1923年周光明等人买下明星理发厅后，新式的理发店就像雨后春笋般出现。即使这样，明星理发厅在常州的理发行业中仍一直处于龙头的地位。

1952年公私合营后，明星理发厅迁入常州饭店，改为常州饭店理发部。1983年，明星理发厅迁入东大街新大楼，恢复原名，营业面积达300平方米。这时期，明星理发厅成为常州唯一的特级理发店。

曾是理发行业的“明星”，价格比其他店高四五倍

去明星理发厅理一个爆炸头，出家门前配一条喇叭裤，30年前，这样的

造型就是时代的潮流！20世纪八九十年代，明星理发厅就是理发行业中的“明星”，追求时髦的小年轻们没有不来明星理发厅理发的。

当时，包括明星理发厅在内，常州市场上一共有三四家较大的理发店。比如有一家名为健康理发店的理发店，也非常有名，但和明星理发厅根本没法比。看看两家店的员工待遇就知道差别了——当时在明星理发厅工作的员工，工资为五六十块钱一个月，而健康理发店只有三四十块钱。

我的一个同事在20世纪90年代中期进入明星理发厅工作，之前，他曾是健康理发店的一名员工。他就讲过，20世纪80年代，去理发店剪一个当时最流行的无缝青年式发型，自己所在的健康理发店只要0.16元到0.2元，明星理发厅的价格是0.86元。

所以说，在当时，明星理发厅的价格是其他理发店的四五倍，别看价格高，可是店里总是挤满了客人。我们到明星理发厅上班，每天一开门，工作台前总是很快就能坐满客人。店里最忙的时候，等候区的沙发上也坐满了人。

起码要市比赛的前三名，才有资格去明星理发厅上班

20世纪80年代，常州的国营理发店统一划归常州市服务公司管理。每一家理发店根据设备条件、技术水平、服务项目、交通地段等因素被分为甲、乙、丙、丁4个等级。

明星理发厅和常州的其他理发店都不太一样，理发店施工的时候，服务公司就提出了建设特级理发店的目标，最后还真的成了特级理发店，而且是常州唯一的特级理发店。

明星理发厅位于市中心最繁华的延陵路上，这家理发店有五开门面，分为上下两层。理发店里一共有18张工作台，其中男活区有7张位子，女活区有11张位子。那时候不像现在，男女客人可以并排坐在一起理发。那时候，做男活还是做女活是分得很清楚的，做男活的师傅是不能去女活区的，反之亦然。

特级理发店对理发师的要求特别高。当时招人的时候，门槛特别高，只有获得过市里理发大赛前三名者，才有资格来店里做理发师。所以，当时在理发圈流行一句话："明星理发厅就是常州理发界的'黄埔军校'。"

明星理发厅的理发师还被外派过，为外交官们理发

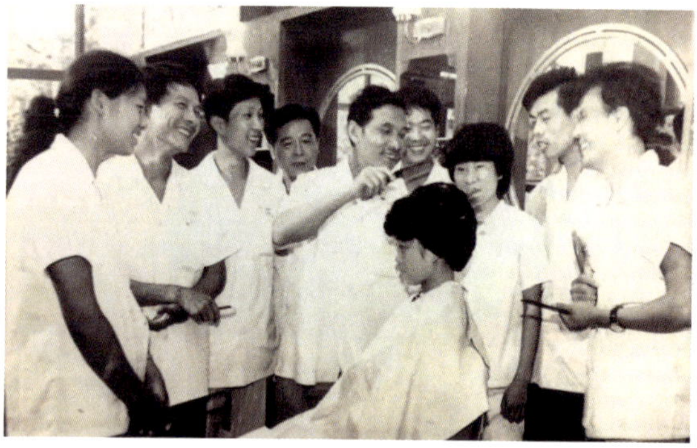

明星理发厅老主任王志伟在教学员理发

我们那时候有多牛？这样说吧，我们同事不仅给常州人理发，还走出国门，被单位委派为外交官们服务。我同事家就收藏了一些明星理发厅的老照片，其中就包括我们明星理发厅的理发师和我国外交官的合影。其中一张我印象深刻，一张合影的前排最中间坐着的是当时负责外交工作的钱其琛。

1992 年，外交部向江苏借调发型师，到国外的大使馆为外交后勤服务。省里的这个名额落到了常州，并选中了明星理发厅的理发师。经过一年多的审核、考察，理发师先到了北京。据说，当时除了我这位同事，全国一共选拔了 3 名优秀的理发师。

在北京又经过一个多月的培训后，理发师到了中国驻阿尔巴尼亚大使馆。大使馆一共 30 多名员工，我同事的主要工作就是给外交人员理发。当然了，和在理发店工作不一样，外交人员的发型大多清爽简洁。

当时被选中外调为外交官们服务，使得明星理发厅不仅在常州，甚至在全省都很有名气。

比较老的那批理发师，现在只剩几个人还在坚守

改革开放后，理发店如雨后春笋般出现。尤其受广东、港台等地的影响，理发店变得越来越时尚和潮流。受此影响，明星理发厅的经济效益开始下降，不少理发师开始陆续出走创业，成立了自己的理发店。

1998年，明星理发厅改制，理发师们自谋出路。之后，理发市场风起云涌。4年后，明星理发厅关门退出市场。

虽然店没了，但是我们那批人的精气神一直延续着。像原明星理发厅的主任王志伟在明星理发厅改制后，就曾选择自己开店。令人称道的是，他的理发价格一直没怎么变化过。他是常州第一个获得国家级技师资格证的理发师，价格却一直维持在十几块钱左右。后来，王志伟身患癌症，在去世前，他坚持把会员卡上的钱一笔一笔如数退给顾客。这个故事是非常感人的，当时很多媒体都做过报道。

我和王志伟的爱人王和平比较熟悉，我们聚在一起总会聊往事和以前的老同事。据我们算下来，现在仍在坚持理发的那批明星理发厅的理发师还有四五位。

我在第二人民医院东面的城市花园小区开店，高军和任志毅合伙在关河西路新天地花苑开店，魏宝祥在北直街开店……这批理发师大都是技术型的，市场方面花的心思不多，顾客大多是老顾客和回头客。

你看我的店，开在小区，店面不大，但时不时也会有几个南京、上海等地的熟客赶过来。有一位本地人曾被我服务过，后来，他长年在山西经商，每次回家，都要赶到我这里理个发。人家习惯了，不想找别人了。

（记录、整理：吕洪涛）

老长兴楼：清真淮扬菜曾经冠绝全城

□ 讲述人：马锦芳

马锦芳，原清真长兴楼菜馆经理

"老一辈的常州人都知道，常州城里有家清真长兴楼菜馆，它也被称为老长兴楼菜馆。这家菜馆历史悠久，烧的清真淮扬菜深受常州老百姓喜欢。"

老长兴楼历史悠久，是有名的清真淮扬菜菜馆

长兴楼菜馆最早位于城中双桂坊中段。三开间房屋，店面坐南朝北，分上下两层，店门正对着的是公园路。菜馆整个楼面仿阿拉伯宫殿的样式建造，小巧玲珑，布置典雅。

清真长兴楼菜馆成为几代人的回忆

我今年73岁了，在20世纪60年代到90年代，曾在清真长兴楼菜馆工作，后来还成为管理人员。在老长兴楼工作那么多年，我早就对这个常州老牌菜馆的历

史烂熟于心。

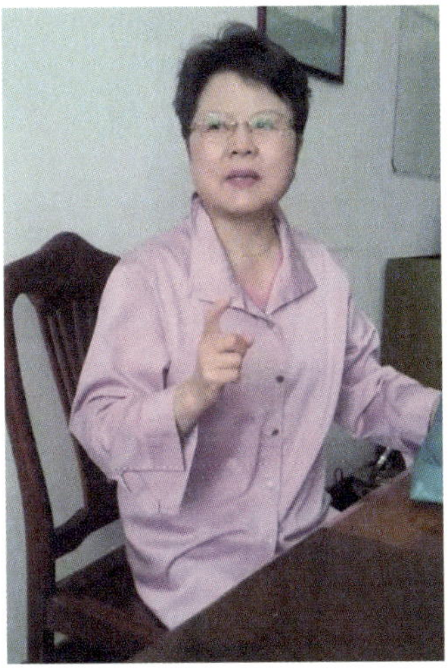

丨马锦芳在讲述清真长兴楼菜馆的往事

长兴楼创建于清光绪年间，是当时常州城内唯一的伊斯兰菜馆。新中国成立之初，长兴楼店名一度曾为长兴楼清真合作菜馆，主要经营饭菜、酒，承办中高档喜庆筵席，并附有点心部，供应阳春面、牛肉汤、生煎牛肉包等。

该店擅长烹制回族风味菜肴，取伊斯兰菜肴风味之精华，集本地区烹制技术之专长，有机结合，自成特色，创立清真淮扬菜。肴家菜有烤鸭、五香牛肉、冰冻糟鸭等，味道鲜美，深受顾客欢迎，其中烤鸭被列入常州名菜。

据我了解，老长兴楼是由常州一户杨姓人家创办的，现在他的后代仍在常州。以前，我和杨家人有过联系，后来时间久了，慢慢断了联络。

从服务员到经理，我在这里快速成长

1964 年，我正值豆蔻年华，青春正茂。作为一名回族姑娘，能为本民族作些贡献，我是十分高兴的。

既然决定了到长兴楼清真食堂（清真长兴楼菜馆的前身）工作，我就下定决心一定要做出一点成绩。我以年轻人的真诚和热情服务每一位顾客。从早上 8 点上班到晚上 11 点下班，我诚恳而努力的工作态度得到了领导和顾客的肯定。很快，我被评为优秀服务员，《常州日报》还专门以《有一颗金子般的心》为题进行了报道。

20 世纪 80 年代，清真食堂正式改名为清真长兴楼菜馆，领导安排我分管卤菜间。那时，我不仅认真做好分内工作，一有空还会帮着其他工种的同事忙前忙后。在此期间，我成为一名光荣的共产党员，更在单位的培养下当上了清真长兴楼菜馆的经理，成为省级服务师。后来，我还当上了人大代表、政协委员。

坚守伊斯兰特色，让回民吃好每顿饭

它从旧社会走来，带着清真餐饮的标签走进新中国。长兴楼始终坚持精细制法，我们认真服务于广大回族同胞，也以最考究的菜品满足着其他食客们挑剔的味蕾。

新中国成立后较长一段时间内，常州的清真餐饮只有双桂坊里的清真长兴楼菜馆和新丰街的回民饭店。20 世纪 80 年代，新丰街拓宽，回民饭店被拆掉，常州的回族同胞外出就餐，集中到了我们这里。为了让大家吃得放心，餐馆严格把控进肉渠道和菜品质量，入店的肉类都按清真标准，质量不好的牛羊肉是绝对不能进店的。

随着改革开放的步伐加快，当时许多餐馆都开始多种经营，引进更丰富的菜品。但我们餐馆为了尊重回族同胞的习俗，仍旧坚守清真餐馆之本，为回族同胞做好每一顿饭、每一碗面。

清真淮扬菜的考究，服务了回民，更征服了其他食客

在那些流逝的岁月里，清真长兴楼菜馆承载了我的青春，我也见证了它的辉煌和变迁。

从最初的面条、小爆小炒到后来承接回民的婚丧喜事，再到后来与兴隆园、德泰恒等常州知名餐饮品牌齐名，长兴楼以清真餐饮为特色，在常州这个非常讲究吃的城市占据了一席之地。

印象中，店里的糟鸭、干切牛肉、招牌羊糕、麻油面、鸭肉馄饨、牛肉包子等菜品在当时都深受常州市民的欢迎。

在那个还没有冰箱的年代，被常州食客念念不忘的当属那道冰镇糟鸭。

这道菜要挑选肥瘦得宜的麻鸭，宰后洗净，由店里70多岁的老师傅亲自操作。整鸭被文火煨至肉烂而不散时，从汤中取出，然后经过冷却、开片、入碗，再放入装冰块的大木桶冰镇。

那锅浓鲜鸭原汤则要去油、放入大料和烧酒煮开冷却，待客人点单，厨师便会从冰桶中取出冰镇的鸭肉，淋上散发着酒香、鲜美入味的鸭汤，才可端上顾客的餐桌。

马锦芳收藏的清真长兴楼菜馆的围裙和手帕

还有那麻油面，天天卖天天排队，有很多人专程为吃面而来。戚机厂等一些国营大厂的很多工人师傅更是为了吃面买了月票。一毛二分钱就可以买一碗三两的面，劲道的面条浇上酱鸭与牛肉熬出的红汤汁一拌，呼啦啦就下肚了。只有我们自己才知道，这其实是个贴本生意，我们只是单纯想做好这碗面。

20世纪90年代初，常州清真寺翻建需要资金，收回了菜馆租用的房子并进行了转让。于是，我和同事们带着不舍离开了餐馆。

20世纪90年代中期，正在进行改制的长兴楼菜馆的品牌被转让。世纪之交，随着城市的改造，原双桂坊中段的长兴楼菜馆被拆除。后来，新的长兴楼由于善经营、重管理，生意也十分兴隆。

长兴楼菜馆的清真淮扬菜定格在时光中了，我永远怀念它！

（记录、整理：陆润华、吕洪涛）

常州这家家喻户晓的面馆已经 30 多年了

□ 讲述人：戚春梅

戚春梅，盛兴面馆负责人之一

"在常州，很多人都到盛兴面馆吃过面。但并不是所有人都知道，这家面馆在开业至今的 34 年里，经历过哪些事。"

厨艺传家，要从民国时期算起

我们这个面馆最早不是叫这个名字！

戚春梅的父亲戚荣大

我今年 61 岁了，是常州盛兴面馆的负责人之一，另两位负责人是妹妹戚雅琴和弟弟戚建东。在常州，盛兴面馆开了 34 年，已成为常州老百姓心中的老品牌。

常州盛兴面馆的前身是盛兴点心店，由我们父母创办。最开始的位置在现局前街新都大厦底层东头，当时是临街面的平房，面积不大，主要经营面、馄饨、卤菜。

父亲戚荣大和母亲陈毛大均出身于从事餐饮业的家庭，祖父母在民国时期就在常州老政府门前的县直街上，开办了名叫“戚盛兴”的小饭店。而我的外公、外婆家则是在局前街盛兴点心店的原址上开了家早餐店，专营油条、麻糕、松糕、麻团等大众早点。

我父亲在十几岁时就被祖父母送出去拜师学厨师手艺了。他与李川良的师傅周锡元是师兄弟，周锡元是原常州绿杨饭店的主任。我父亲心灵手巧，学艺刻苦，很早就能在红案上独当一面。

红案师傅开点心店，专做面和馄饨

父亲学艺满师后曾先后在红梅饭店、爵乐饭店等餐饮店当红案师傅。常州解放后，他思想上要求进步，积极参加上级组织的各项活动，因而受到上级领导们的关注，被安排脱产出来做社会工作。

后来，我祖母劝他说，你是学手艺的人，还是干自己的厨师本行比较好。于是，父亲又回到自家的饭店里。

公私合营后，父亲到火车站附近的迎宾饭店当厨师。不久，由于公私合营后的餐饮网点太少，饭店用餐都要排队，为解决这个问题，政府又鼓励私人开办小饭店。在这样的形势下，父亲从公私合营饭店回家再次开店。

盛兴面馆开了34年，已经成为常州老百姓心中的老品牌

那个时候个体户叫“一

统户"，管理"一统户"的组织叫"摊联会"。我听父亲讲，那时候"一统户"性质的小饭馆不能雇用员工，于是，能干的祖母负责为父亲打下手兼做服务员。

后来，父亲成家后，又将生意重新调整——1961 年在局前街外婆家早餐店的原址开设了点心店，专做面和馄饨。

姐弟三人，四五十年前就在一起学包小馄饨了

直到现在，我仍经常想起夏天时，父亲身着白色纺绸香港衫、裤缝笔挺的藏青派力司裤、白袜黑皮鞋，腰上扎一条雪白的围裙，在灶台前捞面、捞馄饨。那种潇洒的身影永远铭刻在我们幼小的心灵中。

靠着父亲的勤劳智慧，20 世纪 60 年代中期，我家就在中山路盖了新房，还买了自行车、无线电收音机等时尚用品。后来，"摊联会"通知戚荣大取消面条、菜肴的计划供应，我家就只能做小馄饨了。

戚春梅在工作中

那个时候，父亲让我和妹妹、弟弟学包小馄饨，我们最开心的事情就是生意结束时能吃碗自己包的小馄饨。住在附近的居民，几乎每家都吃过我家的小馄饨。多少年以后，老邻居们碰到了我，还总是提起那碗皮薄馅多汤鲜美的小馄饨。

认脸报单从不出错的绝活，是从母亲开始传下来的

1973 年受政策影响，馄饨店歇业了。为了家人的生活，父母两人选择去打工，到常州钢铁铸造厂食堂当厨师。

当时，厂里明确表示，父母亲的身份是“开票工”，也就是说工资关系不能放在厂里劳资科，而是由街道办事处开具劳务票向厂家结算工资。我们父母的工资必须到街道办事处领取，就如同现在的劳务输出一样。后来，父母还先后到过常州第二无线电厂、常州东风修建站等单位食堂，去掌厨做“开票工”。

1979 年，有人介绍父亲前往听松楼饭店应聘做小笼包的点心师，父亲一去就被录用了。这期间，他和同事做的加蟹小笼包曾创下一天销售 2000 多笼的纪录。20 世纪 80 年代初期，街道让父亲去青山桥附近的街面上创办一家青山菜饭店。后来，他在这里提前退休。

20 世纪 80 年代中期，我和弟弟、妹妹先后参加工作。我去了当时的常州工艺美术公司，妹妹去了常州市针织总厂，弟弟则去了常州染料厂。

这时候，父母都 50 多岁了。父亲虽有微薄的退休金，但母亲无劳保，就想着增加收入。当时，国家鼓励发展个体经济，于是亲朋好友都来劝我父亲重操旧业开个面馆。1987 年，父亲在局前街开办盛兴点心店，经营范围包括面、馄饨、卤菜。

父亲在灶台上负责捞面、捞馄饨，母亲在柜台卖单。慢慢地，母亲练就了一手绝活：卖单、记人脸、报桌号、报面菜品种，从无差错。我们姐妹经常到店里帮忙，慢慢地把母亲的这一手绝活也继承了下来。

寄望下一代接棒，把老味道传承下去

盛兴点心店开张后，生意很兴隆，这和改革开放、经济发展、市区人口

增加、市民收入及消费水平提高有关。

盛兴面馆的面深受市民欢迎

1997 年，老店面因为城市改造拆迁。1998 年，母亲患中风偏瘫，店里人手吃紧，妹妹、弟弟就从原来的企业回到店里帮忙了。到 2003 年，由于母亲的去世，盛兴点心店更换弟弟为法人代表，店名也改成了“戚盛兴点心店”。但是大家习惯叫我们盛兴面馆了，盛兴面馆这个名字也就慢慢叫开、叫响了。

从 2001 年起，父亲因年迈而退居二线，2003 年因病去世。这一时期，我也因下岗和弟弟、妹妹一起接管了店务。三人分工明确：我负责账台并兼总协调，妹妹负责灶台事务，弟弟负责后厨的订菜、做菜。虽然面店从局前街的老地址迁至现在的县学街弄堂里，但客人非但没少，还在持续增加。面馆的菜品都是开店多年积淀下来的品种和口味，许多客人都远道而来。

没想到，我们姐弟三人一做就是 20 年。未来，我们的下一代也会加入我们这个团队，把常州老味道继续传承下去。

（记录、整理：陆润华、吕洪涛）

32年来，我收藏了56万枚毛主席像章

□ 讲述人：孙建本

孙建本，金坛毛主席像章收藏馆馆长

“说起收藏，有人喜欢收藏字画，有人喜欢收藏邮票，收藏种类五花八门。我也是一位收藏爱好者，我最喜欢收藏毛主席像章。32年来，我收藏了56万枚毛主席像章。目前，这些像章都收藏在我筹建的毛主席像章收藏馆里。”

花费上千万元，收藏各类毛主席像章共计56万枚

历程章、诗词章、套章……我的收藏馆在常州西郊厚余村，3000多平方米，墙上、橱窗内摆满了各种风格和材质的毛主席像章，可谓琳琅满目，令人目不暇接。

孙建本收藏的各种毛主席像章

目前，我已经收藏了56万枚不同的毛主席像章。收藏的像章既有金、银、铜、铁、铝等普通材质的，又有玻璃、铁皮、毛竹等特殊材质的，不同规格的像章有近万种，

| 孙建本展示他收藏的毛主席像章

吸引了不少参观者的目光。

其中，不少像章是在收藏圈内非常少见的，如500件瓷章雕塑、500件玻璃章。此外，我还收藏了一座高达四米二的毛主席石膏像，三米多高、两米多高的也有几十座。

从党的一大到井冈山、遵义会议、古田会议、长征路等，每一个光辉历程、每个阶段的毛主席像章我都有。毛主席像章设计构图精美，内容和材质丰富多样，是世界徽章史上一个独有的奇观。

为了收藏毛主席像章，我一共花费了1000多万元。因为花销太大，我的举动一度遭到家人的不解和责备。

我的妻子余银美感慨：“一开始，我不理解为什么花那么多钱在收藏上。但后来，我实在拗不过他，也只能选择理解和支持。”

经常通宵达旦，整理出1000多套系列套盒像章

1953年，我出生于一个革命家庭，父亲是一位革命老兵，从小就受到了红色文化的熏陶，我热爱共产党，热爱毛主席。如今，我是常州一家医疗器械生产厂家的负责人。

20世纪90年代，一次偶然的机会，我从朋友那里获赠不少毛主席像章，开始与毛主席像章结缘。从此就一发不可收，走上了红色收藏之路。

为了方便查询，我将56万枚毛主席像章分门别类，记录在册，写明每一种像章的生产地、所展示的历史故事、纪念意义及价值所在。

整理、编号这项工作需要对中共党史、中国革命和新中国建设的历史非

常了解，为此，我需要经常阅读大量的史料、书籍。过程虽然辛苦，但我乐在其中。目前为止，我已经完成了1000多套系列套盒像章的整理工作。

孙建本收藏的毛主席画像

有时为了找一个像章，我经常要通宵达旦。比如，一套像章里正好缺一个，我就要在几十万个章里面拼命地找。

整理后发现，这些像章带有鲜明的时代特征，最常见的是带有语录的像章，常见的语录有“为人民服务”“知识青年到农村去”“纪念白求恩”等，另外还有“光辉的历程”“朵朵葵花向太阳”等系列。

因为整理得当，每有人前来参观，我都不需要看记录，只凭记忆就能对来访者一一叙述。

除了毛主席像章，我还迷恋其他红色收藏

为了收藏像章，我每年都要辗转全国各地。除了西藏、青海等少数几个省，全国大多数省份都留下了我的足迹。

东北三省、上海、山东、江西、湖南、湖北等地我去得最多，只要一听说当地有像章，我就跑过去。前几年，就为了一盒像章，我专门跑到沈阳，光火车就坐了20多个小时。

每年走南闯北，我的收藏种类日益增多。除像章外，我的红色收藏还延伸到被面、床板、搪瓷茶托，以及各类“毛选”等。

其中，有一幅珍贵的油画毛主席标准像，由一位艺术大师在20世纪60年代创作，原本由常州鸣凰藏家收藏，后来转让到我手里。

孙建本还有不少报纸等红色收藏

就这样，我又收藏起了毛主席画像。前几年，到河北承德，我收到一幅毛主席站在天安门城楼的巨幅画像，该画像长 3.2 米，宽 2.1 米。这幅作品是迄今为止我收藏的最大幅毛主席画像。据说该画像是著名画家刘春华的作品，创作时间为 20 世纪 60 年代中期，画的材质为 3 块粗棉布，具有浓浓的时代感。

现在，只要是红色收藏我都喜欢，因为它们是我党奋斗的见证。

我的收藏馆已经接待了数十万人，其中包括外国友人。

很多人都问过我同一个问题：收藏这些像章和红色物件有哪些乐趣？除了经济上的价值，我最看重它们背后的精神价值。利用好它们，我们可以更好地开展红色教育，进行红色传承。

近年来，我每年都会收到一些重大活动的邀请。2013 年第八届花博会时，我的藏品曾受邀在辅展区展出，吸引了大量市民。这次展出也给了我极大鼓舞。

红色收藏受欢迎程度大大超出了我的预期，这更加坚定了我继续收藏的信心。

2000 年左右，我建立毛主席像章收藏馆后，经常有人慕名而来。有一次，一个北京的旅游团来到常州游玩。旅游团的人得知藏馆后，专程来到馆里，参观了半天。

除了旅游团，这里还成为党建学习的好地方。近年来，每年都有不少党员干部来到收藏馆，开展爱国主义教育活动。令我最难忘的是，几年前的一个深夜，我接到朋友的电话，一位领导干部路过此处，得知我的故事后，一定要到馆里看一看。

我的收藏故事为人所熟知，我的藏品还引起部分外国友人的兴趣。我这里接待了好几拨外国朋友了，我向他们讲红色历史和红色故事，他们听得津津有味。

现在，越来越多的人开始注意到这些红色收藏的价值，甚至有人出高价要收藏我的藏品，但大多被我婉拒。

一件藏品就是一个故事，它们凝聚着我多年的情感。未来，我还要收藏更多红色藏品呢！

（记录、整理：吕洪涛）

同康针纺织品：曾是常州最大的布店

□ 讲述人：陈锦祥

陈锦祥，原同康针纺织品商店员工

“20世纪80年代，南大街有一家同康针纺织品商店，它曾是常州最大的布店。除了销售布料，这个店还销售针织品。这个店里最有名的是床上用品、毛毯、毛线和背心汗衫，常州人如果要买这些商品，大多会到这里转一转，看一看。”

当年，同康是常州最大的布店

20世纪七八十年代，常州是全国有名的轻纺工业生产基地，从棉花纺纱到织布印染，常州一直走在行业的前列。当时的“荷花灯牌”、后改为“月夜牌”的常州灯芯绒风靡全国。

同康针纺织品商店的员工在一起

1978年，22岁的我作为知青从农村返城参加工作，分配的工作就和纺织品有关——在常州纺站储运科做针纺织品的调拨转运工作。后来，我又到五角场东货站工作。1986 年春天，我被调到同康针纺织品商店（以下简称“同康”）任副主任。同康位于南大街中段，20 世纪六七十年代，它曾被称为永红绸布店。

同康是七开间的门店，约 300 平方米，当时是常州最大的布店。我记得，店里商品按不同品类分四个柜组：呢绒柜、丝绸柜、棉布柜、针织品柜。其中，呢绒柜由于商品单价高，是商店的销售主力，下达的销售指标占整个商店的 35% 以上。

常州人都喜欢到这里买床上用品和毛毯毛线

当时，同康是很有名的，尤其是床上用品。只要你在常州城，想买床上用品了，肯定会先到同康来看看。

同康针纺织品商店的营业场景

同康的针织品除了床上用品外，还有毛毯、毛线和内衣。其中常州本地生产的一些商品尤其受欢迎，像常州第五毛纺织厂生产的“童鹰牌”毛毯和常州巾被总厂生产的仙鹤床单都曾荣获国家银质奖，它们是年轻人结婚的必备商品。

当年流行自己织毛衣，所以毛线也是同康的走俏商品。毛线分全毛、混纺和腈纶的，且粗细不等。有条件的消费者都喜欢用全毛的毛线织毛衣，穿起来暖和舒服。但卖得最好的却是混纺的，因为它便宜，性价比高。

当时无锡生产的一种童球牌盒装全毛细绒线，颜色鲜艳，品种多，常常卖断货。改革开放初期，市面上的新颖面料不断涌现，从南方城市的各个渠道纷纷进入常州市场，像挺括抗皱的进口纯涤纶和后来风靡一时的靛蓝牛仔布，都成了当时柜台上的抢手货。

印象最深的是印花乔琪纱，该面料花色和品种繁多，且轻薄飘逸不起皱，是夏天女同胞做衬衣和连衣裙的最佳选择。所以，该产品只要上新，就会被一抢而空。

在这些畅销产品的带动下，同康的营业额一直很高。每天营业额基本上在 1.5 万元以上，节假日还曾创下 3 万多元的业绩。当时人们的工资只有几十块钱，可见当时生意有多么火爆！

生意红火，盘点曾是同康的一大难题

当时货品供不应求，对销售情况进行清点对账的盘点工作就显得更加重要。我去同康工作前，就听说它的盘点情况不是很好，但问题出在哪儿不得而知。

那时候，零售商店的盘点都是晚上打烊后进行的，一般需要两个小时。而同康的盘点经常搞“马拉松”，往往要持续到深夜一点多。有一次，同康棉布柜盘点无故多出了 3700 多元。后来查明，原来是柜组长因为粗心大意搞错了。盘点的种种乱象一度让我很苦恼，于是我就开始想办法改变。

1986 年，全市推行“全面质量管理”，我也参与了当时市商业系统举办的辅导班。

经过学习，我开始明白如何加强内部管理，提高经济效益。我现学现用，针对同康盘点过程中的问题，逐个分析并对症下药。从进货账目到结账，从库存到现场商品，我都采取措施，要求仔细盘点，最终解决了这个困扰已久的难题。

后来，我又到常州苏果、物美两个超市做了 6 年店长，也把盘点的经验带到那里，提高了这两家门店的管理水平。

同康是那个时代商业的见证，是老一辈从业者不可磨灭的记忆

1988 年，同康被评为我市唯一的文明示范商店。1989 年 6 月，我应邀参加了在淮阴召开的江苏省文明示范商店先进经验交流会。全省 11 个城市的代表在会上作了交流发言，为全省整个商业系统文明经商活动发挥了积极的推动作用。

陈锦祥在同康针纺织品商店旧址附近拍照留念

同康针纺织品商店旧址已经变成其他商店

从 1986 年到 1991 年，在南大街同康针纺织品商店的 6 年是锻炼人的 6 年，也是见证常州人气最旺的商业街历经变迁的 6 年。当时，常州南大街就像苏州的观前街，是商业相对集中的地方。

随着改革开放和商业模式的多元化，常州的商业圈子也变得越来越大，常州人的购物习惯也发生了巨变。2000 年左右，随着市场经济的发展和城市改造，同康也走到了尽头，它原来的位置现在是一家化妆品专卖店。

作为一家有着光荣传统和历史积淀的商店，同康也是培育人才的地方，从这里走出去的同事，有的组建了常州江南商场并成为老总，有的成为新世

纪商城的负责人。此外，市劳动模范王丽英也是从同康走出来的。

我在同康的几年，老百姓还需要凭票购物。现在是市场经济，人们不光在实体店，甚至在网上都可以轻松购物。

日转星移，往事如烟。虽然过去了30多年，可每次谈到同康，我都百感交集。同康是常州商业发展的见证，它已成为老一辈从业者不可磨灭的记忆。

（记录、整理：陆润华、吕洪涛）

常州第一所大学是这样办起来的

□ 讲述人：陈继云

陈继云，原常州市文化局党委书记

"我去常州大学档案馆查阅资料，发现了我们尊敬的老省长惠浴宇于20世纪80年代视察江苏化工学院（常州大学前身）时的两张老照片，顿时勾起他对我说过'这辈子要办的最后一件大事'的回忆。惠老要办的最后一件大事，是指要在常州办江苏化工学院这所大学。江苏化工学院的成立，标志着常州没有本科高校的历史的终结。"

江苏化工学院怎么会落户常州？话还得从源头说起。党的十一届三中全会胜利召开，作出把党和国家的工作重心转移到经济建设上来，实行改革开放的伟大决策。搞经济建设，我们江苏是工业大省，尤其轻化工业基础好，但是"文革"10年，造成人才严重短缺，需要尽快改变这种局面。

当时，省化工局和省教育局向省委、省革委会打报告，建议在国家恢复高考的基础上，通过扩招一部分学生的办法解决燃眉之急。省委、省革委会于1978年3月19日批准成立南京化工学院无锡分院，又于4月28日批准成立南京化工学院常州分院。两所分院，经过紧锣密鼓的准备，先后于当年5月10日和5月20日举行了成立大会暨开学典礼。

两所学校办学条件之差令人难以置信，既没有校舍，又没有相应的教学、实验设备，教师也是勉强凑合。

无锡分院栖身于惠山山腰的一座尼姑庙——忍草庵里，常州分院则利用常州化工厂的幼儿园和一幢职工宿舍安身。现在的人可能不会理解，怎么会在尼姑庵里办起大学来？怎么在幼儿园里办起大学来？但这是历史事实，是在那个年代，要加快发展经济，人才奇缺，天上又掉不下来，唯有加快培养，在"有条件要上，没有条件创造条件也要上"的精神鼓舞下产生的新事物。

20世纪80年代的江苏化工学院

当然，办大学也必须遵循客观规律。一年后，为改善办学条件，省革委会于1979年5月26日，批准无锡分院从惠山忍草庵迁至郊区马山，原无锡市"五七干校"作为新校址，实行省、市双重领导，以省为主，学制四年，在校学生规模1200人，学生由省统一分配。同时撤销常州分院，并入无锡分院。但是，马山也并非理想之地，无锡分院仍然困难重重，难以为继。

后来，机会终于来了。1980年，复出后的惠浴宇重新担任江苏省省长。惠老早在1955年就当选为江苏省省长，1958年和1964年又连续两次当选连任，加上这次复出，前后共15年之久，他是新中国成立后任职时间最长的江苏省省长。老省长对南京化工学院分院这件事非常重视，他当机立断，决意改弦易辙，同时也萌生出他"这辈子要办的最后一件大事"的想法。

1980年12月29日，省政府最终作出决定，将南京化工学院无锡分院改名为江苏化工学院，呈报国务院审批。常州闻讯，市委、市政府热情高涨，主动请求省政府将江苏化工学院落户常州，以满足常州人民的期盼，改变常州没有大学的历史。省政府经研究同意，将无锡分院从无锡马山搬迁至常州新址建设。1981 年 7 月 11 日，国务院正式批准成立江苏化工学院，定址常州。至此，惠老“这辈子要办的最后一件大事”总算得到落实。

1981 年 3 月 17 日，常州市委组建了江苏化工学院办事处，任命徐爱如（原常州市建工局党委书记）为办事处主任、徐国权（军转团职干部）为副主任。5 月 3 日，市委又任命我（常州市委宣传部原副部长）、徐祇龙（军转团职干部）两人为办事处副主任。江苏化工学院办事处机构的建立，标志着江苏化工学院在常州的创建工作正式启动。按照省政府的要求，要在 9 月上中旬，择日举行江苏化工学院成立大会暨新学年开学典礼。

时间非常紧迫，办事处面临三大任务：一是基建，盖新校舍。要在原常州市委党校仅有的约 30 亩土地、3000 平方米建筑物的基础上进行扩建，必须迅速大量征用土地，立马加速建房，以满足无锡分院迁来 439 名学生、186 名教职工的用房需要，还要满足当年招收 300 多名新生和新引进的一批教职工用房的需要。二是搬家，无锡分院从无锡马山整体搬迁来常州，工作量非常大。三是积极引进外地教师，充实学校师资力量。在省委、省政府的领导下，特别是在常州市委、市政府的全力支持和全市各有关部门的密切配合下，办事处工作一路绿灯，有条不紊，特事特办，千方百计，克服了重重困难，在短短 5 个月的时间内，出色地完成了各项预期任务，受到领导赞扬。

1981 年 9 月 17 日上午，在学院礼堂隆重召开了江苏化工学院成立大会暨新学年开学典礼。会上，宣布了江苏省委 9 月 10 日文，批准成立中共江苏化工学院委员会，任命施乐尧为副书记主持党委工作，朱永为副院长，徐爱如为副书记兼副院长，徐野为副书记，孙载坚为副院长。副省长杨泳沂出席成立大会并讲话，出席成立大会的还有省政府秘书长姚远，省高教局副局长胡才基，省化工厅副厅长陈东，南京大学党委书记章德（曾任常州市委书记），南京化工学院副院长朱德相，常州市委副书记张洪范、吴文英，市长沈达人，副市长张金豪、孙维峰，市人大常委会副主任段辉鹏、鲁福昌、史绍熙，市政协副主席宋鲁峰、王士华、李元照、屠揆先，民主党派代表——市民建主委江子砺、市民盟主委钱小山、市农工党主委颜衷涵等各界人士。下午，常州市委、市政府在红星大剧院隆重举行庆祝江苏化工学院成立联欢会，市委书记徐智出席，副书记吴文英致辞。江苏化工学院的成立，标志着常州没有本科高校历史的终结。

陈继云戴着"光荣在党50年"纪念章向市档案馆捐赠"红色档案"

江苏化工学院宣告成立，原江苏化工学院办事处则自动撤销。原办事处人员和所承担的工作任务，全部转移到学院建立的相关部门，学校从此进入"一边教学，一边建设"的新阶段。

我当时在学院党委宣传部担任领导工作，直至 1990 年 9 月重新返回常州市就职，在这所高校工作了近 10 个年头，这是我一生中感到最充实、最难忘、最有价值的一段经历。尤其忘不了在这期间，我作为一名工作人员，有幸先后三次参与接待惠老到学校视察，很受教益。

惠老第一次来学校视察，是在国务院正式批准成立江苏化工学院后不久的 1981 年 7 月。陪同他前来的，有省化工厅厅长胡萃华、副厅长顾静（惠老的夫人），市委副书记颜诚，副市长孙维峰等领导同志。

当时学校正在热火朝天搞基建，无锡分院也正在搬迁来常州，惠老听了办事处主任徐爱如的口头汇报，实地察看了已经竣工的两幢 6000 平方米的学生宿舍楼，以及其他在建项目工程，对办事处的工作表示非常满意。他再次谈到办江苏化工学院，是他"这辈子要办的最后一件大事"的话题，他声明，希望大家不要把这件事看作他个人的大事，而应当看作我们大家为子孙后代办的一件大事。为了办好这件大事，大家出点力，流点汗，放弃点休息时间是值得的。他强调说："我们一定要把这件事办好，办成功！你们（指办事处）工作上有困难，要请地方父母官帮助，没有他们（指常州的领导）支持，你们会寸步难行。"惠老的这些话，使大家深受鼓舞。

1986 年 5 月 10 日，惠老专程来校参加建校 8 周年庆典活动。这次来校，他已退居二线多年，离上次来校视察也已相隔 5 年了。他这次来，要亲眼看一看学校 5 年来的发展和变化。

他在中共中央委员、常州市委书记陈玉英，省化工厅厅长胡萃华，学校党委书记李祥行等同志的陪同下，在校园内漫步，一面察看新建的教学大楼、化工实验大楼、化机实验大楼、物理大楼、图书馆、体育馆、学生食堂、学生宿舍等一批建筑设施；一面听取徐爱如的汇报，知道在花园新村、白云新村以及市区的斜桥巷、双桂坊、公园路等地建了一批教师宿舍等情况后，对学校 5 年来的建设和发展表示满意和非常高兴。他鼓励学校领导要继续努力，要重视在提高教学水平上多下点功夫。

1988 年，江苏化工学院建校 10 周年之际，惠老特地邀请南京大学老校长匡亚明一同前来参加庆典活动，并专门安排匡老在大会上讲话。惠老这一举动，可谓用心良多。大家知道，匡老是我国知名学者、教育家，长期在吉林大学、南京大学担任校长，他对

1988年，惠浴宇（前右）与南京大学原校长匡亚明（前左）参加江苏化工学院建校10周年庆典活动

办大学理念独特，经验丰富。惠老专程请他来讲话，其意图是非常清楚的，他要借助匡老的威望和影响力，为江苏化工学院今后的建设和发展作指导。

匡老讲话的要点，我至今仍记忆犹新：一是要十分重视师资队伍建设。他说，衡量一所大学的水平，不是看别的什么，而主要是看教师队伍的教师数量和水平，尤其要看教授的数量和学术水平。二是要培养学生重视学好专业基础理论知识，重视培养学生的动手能力，使两者结合，取得真才实学。三是要重视培养学生的自治能力，培养优秀学生、尖子学生，通过奖励制度来激励学生好学上进。四是希望江苏化工学院重视建设和发展自己的特色。匡老所言，正是惠老所想。面对"这辈子要办的最后一件大事"，此时的惠老感到欣慰，感到满足，感到更踏实了。

（记录、整理：吕洪涛）

我们一家的乱针绣传承路

□ 讲述人：孙燕云

孙燕云，孙燕云乱针绣艺术创作中心创办人、常州乱针绣第三代传承人

“常州乱针绣被誉为当今中国第五大名绣。这门传统技艺从诞生到现在，约百年历程。一直以来，乱针绣因其浓厚、高雅的艺术气息被当作文旅产品和收藏品使用。近年来，由于年轻传承人的加入，乱针绣开始出现在衣物和饰品上，逐渐走入百姓生活中。”

杨守玉：乱针绣的开山鼻祖

我今年 64 岁了，是常州乱针绣的第三代传承人，我的母亲陈亚先是第二代传承人，她的乱针绣技艺则师承该项技艺的开山鼻祖杨守玉。

和原来四大名绣具有中国画的特点不同，乱针绣完美结合中国刺绣与西方油画的理论与技术，显示出刺绣的三维效果、作品的空间立体感和色彩的变化。

乱针绣由杨守玉创始于 20 世纪 20 年代。当时，由于其擅长刺绣的针法技巧，又娴熟西洋绘画，因此“越传统针法之规”，创造出了最新的刺绣艺术——乱针绣。

乱针绣以一种全新的艺术手法，打破了传统刺绣“密接其针，排比其线”的框架。在针法中融合笔法，以针代笔，以线代色，运用长短交叉的线条，

分层加色、渗色等手法，极大地丰富了绣品的深度、广度与质感，开创了中国传统刺绣艺术的新天地。

杨守玉创始的乱针绣作品问世后，在国内外的多次展示中引起美术界的很大反响。她将自己毕生从艺心得无私地传授学生，亲手培养和造就了一批优秀刺绣艺术人才。

据资料，杨守玉创作的作品，自20世纪40年代起就被作为国家礼品赠送海外友人，深得中外人士好评。她的代表作《罗斯福像》现被美国艺术馆收藏。

陈亚先：常州第一位国家级工艺美术大师

我创办的乱针绣博物院里，保存着一幅杨守玉的乱针绣作品《朱德委员长》的照片。为什么要挂这幅作品的照片呢？因为这件乱针绣作品在我心中弥足珍贵。这件作品曾在"文革"期间受损，后经母亲陈亚先之手进行了修补。还有一个重要的原因是，母亲学习乱针绣就与其有关。

1958年，常州市手工业局举办新产品展览，母亲前往观摩学习，一下子就被杨守玉乱针绣《朱德委员长》强烈鲜明的立体感、层次感牢牢吸引。那一刻，她迷上了乱针绣，这一迷就是几十年。

陈亚先（右）和老师杨守玉（左）在一起

但是，杨守玉因年迈体弱早不收徒。母亲几次叩门拜师都被回绝。但母亲仍一次次上门求教，还帮杨家做家务，一片痴情感动了杨守玉。最终，杨守玉破例收下了这个关门徒弟。

我小时候，母亲很少在晚上12点前休

息。一幅乱针绣作品要数十万、数百万针，没有超常的耐力、毅力很难坚持。

20 世纪 80 年代初，母亲潜心钻研，巧妙地将油画等绘画技艺与乱针绣、平绣技巧相融合，创造出乱针绣新技法，使乱针绣的艺术欣赏性更趋完美。

如果说20世纪的前半世纪，陈亚先的恩师杨守玉的作品轰动了美国的话，那么母亲陈亚先的作品可谓轰动了日本。1986 年春天，她在日本的现场技艺表演由电视台在黄金时段现场直播——绣制日本电影明星山口百惠肖像。展览馆一开门，母亲的表演台前就被围得水泄不通，人们一个个睁大眼睛，后排的人只能踮起脚尖，引颈相观。只见她熟练地穿针引线，开始绣山口百惠一头柔美的秀发，乌黑中闪着彩光，飘逸柔软，发型自然立体……“好！真是巧手神眼。”“美极了！”观众一片赞扬。

少顷，母亲表演了双面绣“猫眼”——将一根丝线分成四十八分之一再绣制的绝技，几位日本资深刺绣专家啧啧感叹道：“看到亚先女士的绣技才知天外有天，真是自愧不如！”

艺术团先后访问了神户、横滨、松山、广岛、大阪等 9 个城市，在长达 79 天的巡回演展中，母亲每次表演，都赢得阵阵掌声与喝彩，人们被精美神奇的常州乱针绣征服了。一名叫管原健三德的先生两次乘 24 小时长途汽车赶来观赏交流，并把自己的作品赠送给母亲，反复表示要到中国来学习乱针绣。

母亲的一系列人物绣像因技法上的重大突破而在中国绣业异军突起。1982 年，母亲的作品《幸福老人》一举夺得全国工艺美术最高奖——百花杯金奖。

1997 年，68 岁的母亲荣膺“中国工艺美术大师”称号，成为常州历史上第一位国家级工艺美术大师。

为了让这门手艺更好地传承下去，母亲把自己钻研的新技法毫无保留、不图回报地传授给他人，先后带出了我、单银娣、周明敏、沈莉等百余名乱针绣弟子，使乱针绣后继有人，薪火相传。

孙燕云：坚守传统手艺的第三代传承人

我是家里的老四，是最小的一个，也是母亲手艺的传承人。自己走上乱针绣这条道路，并在刺绣技艺上取得了成功，很大一部分是因为母亲的悉心教导。

从小，我就爱趴在母亲绣架旁边，看母亲一针一线地刺绣，偶尔，我也会很有兴致地抢着帮母亲穿线。到了8岁，母亲为我独自上了一个小绷架，让我可以自己绣着玩。

乱针绣第三代传承人孙燕云在作品前

但是，我真正系统地学习刺绣是在高中毕业后。1979年，我以优异的成绩考入母亲所在的常州工艺美术研究所，成了母亲的弟子。

从事乱针绣这门技艺需要有扎实的绘画功底，但我没有系统地学过美术，没有绘画基础。所以，进入常州工艺美术研究所后，我先学习了两年的油画和素描，然后才开始刺绣创作。

母亲对我要求很严格。有一次，我的作品被评为优秀，我很得意，但母亲当众指出很多不足，让我修改。正因为母亲对我的严格要求，我的刺绣功底才越来越扎实，技艺越来越高。

20世纪80年代以后，市场经济浪潮席卷全国，我所在的单位也开始向市场要效益。光靠乱针绣我们无法生存，于是研究所也开始拓展生产渠道，办服装厂，生产床上用品。后来，这些产品都被一一淘汰。

2000 年时，我所在的单位改制，很多从事乱针绣的同事另谋职业，我选择继续坚守这门手艺，并以创业形式发展乱针绣。创业期间，我每天坐在绣绷前连续工作 12 小时以上，并对乱针绣技艺作出进一步完善和创新。

功夫不负有心人，我的乱针绣事业越做越大。如今，我的乱针绣队伍有十几人，在常州同行业中队伍最大。同时，我也收获了“江苏省工艺美术大师”“中国刺绣艺术大师”等称号。

吴澄：把高雅艺术融入时尚生活的“80后”

在我眼中，乱针绣是一门高雅艺术，正是这种属性，使得这门传统技艺成为常州一种特有的文旅商品和收藏品。同时，也正由于这种属性，乱针绣一度远离人们的生活，其发展也遭遇了瓶颈。

但我也在危机中也看到了希望。前几年，我的女儿吴澄加入了乱针绣的队伍，从事乱针绣的传承事业。

乱针绣第四代传承人吴澄在创作

吴澄曾经留过学，具有绘画功底，而且思维活跃，很快便把乱针绣这种传统技艺和时尚生活结合在了一起。

她专攻乱针绣衍生品，把乱针绣技艺用在服装、包包、围巾、婚庆用品等生活用品上，价格也较为亲民，在社会和市场上都收获了良好的反响。原来，乱针绣只能用眼睛来欣赏，而现在，人们可以在生活中用手和皮肤去感受。

乱针绣逐渐走进百姓生活，让我看

如今，乱针绣被运用到包包、围巾、服饰等生活用品上

到了希望。2022 年春节，我和同事没有休息，一直在忙碌着赶工乱针绣围巾等衍生品。

随着人们在生活中更频繁地接触乱针绣，乱针绣一定会迎来新生！

（记录、整理：吕洪涛）

我为老电影找归宿

□ 讲述人：王勇建

王勇建，常州老胶片电影收藏者

“为了给他们找个好‘住处’，我的仓库搬了3次。现在，我的‘电影仓库’位于和平路靠近中吴大道的一个院落里。

“走进这个100多平方米的‘电影仓库’，仿佛来到了老电影的档案馆：一只只铁箱子堆叠成小山，里面的老电影胶片拷贝足足有3000多部；大块头的固定式放映机也有十几台，其中就有我国第一代固定式放映机——目前全国馆藏仅此一套的1955年苏联KNT-1型固定式电影机；小型放映机的数量则更多；还有数不胜数的各时期电影海报堆放在角落里……

“谈起这些收藏，我最喜欢的还是红色电影拷贝。《董存瑞》《永不消逝的电波》《红日》《敌后武工队》《太行山上》……库房里，光是红色老电影就有600多部。

“10年来，我花在老电影收藏上的费用多达几十万元。这些胶片老电影现在很难看到了，有的已经成孤本了。所以，对我来说，花费虽然较多，但物有所值！”

收藏老电影，从收藏老放映机开始

丨王勇建收藏了数千部老胶片电影

2006年前，我从河南周口来到常州，最初的工作是酒店管理。凭着自己的努力，我很快当上了酒店经理。闲暇时间，我最大的爱好就是收藏音响设备。当年，各地不少老影院倒闭时，一般都会对器材设备等进行变卖，他们出售的音响设备不仅效果好，而且价格便宜，我常去购买。

2010年的一天，我路过清潭新村，看到一位收旧货的老人正在砸一台老电影放映机，想把上面的铝壳取下。我二话没说，当即"救下"了这台老电影放映机。经过查阅资料，我发现这台放映机竟然是"长江老五四"——1954年，中国仿苏联的16毫米胶片放映机。"长江老五四"是新中国最早的一批放映机，数量非常少，深受电影发烧友的追捧。从此，我开始了不同寻常的收藏之旅。

这些放映机也是我国影视事业的见证者。电影院所使用的电影放映机按照放映胶片的宽度不同，可以分为8.75毫米、16毫米、35毫米、70毫米四种。其中，8.75毫米胶片放映机在20世纪六七十年代被广泛使用；后来，16毫米电影放映机由于携带轻便，在农村播放露天电影时被更广泛地使用。

2005年前后，国内影院开始大量普及数字电影。电影放映机开始逐渐退出历史舞台。

每部电影的收藏背后，都有一段难忘的经历

2021 年是建党 100 周年。5 月开始，我和助手特意盘点了红色老电影。盘点时，一件件收藏的往事又浮上心头。

前几年，我听说一家老影院有《国庆纪事》这部胶片老电影拷贝，于是就和对方联系。

联系后，对方说，这部电影不单卖，要买就需打包买走很多没用的其他物件。我想，自己寻找那部《国庆纪事》已经很久了，这次绝不能错过机会。于是，咬咬牙，答应了对方的要求。

后来，我被领到库房里。里面废品堆积如山，我和助手花了一天的时间，才找到那部老电影。

还有那部反映三大战役的电影《大决战》。我小时候在电视里看过那部片子，迷上收藏后，这部经典电影也成为我最想得到的收藏品。后来，听说一家电影公司的库房里有这部老电影拷贝，且正准备出售。于是，我找到了那家电影公司。

对方让我们自己到库房里找。那个库房很久没有打开过了，里面的物件

E勇建收藏了数千部老胶片电影

| 王勇建收藏的老胶片电影里，不少是红色电影

上覆盖着厚厚一层灰。我和助手把两层库房全部翻遍，才找到了《大决战》。出来时，我浑身都是黑色的灰，一咳嗽，吐出来的也全是黑痰。

即使这样，我心里仍很高兴，因为我梦寐以求的老电影终于被我找到了。

多次放映红色电影，今年，我免费提供片源和放映机

再好的东西，如果一直堆在仓库里，就是一堆废铜烂铁。从2014年开始，我多次在"七一""八一"等红色纪念日的时候，联合相关部门组织红色电影展播。其间，我总是放下家事，身心全部投入老电影展播。

2014年8月，红色电影在武进博物馆展播，我在博物馆蹲守了整整一个月，心情前所未有的好。我始终坚信，老电影收藏有别于其他种类的文化艺术品收藏，只有展示出来才有意义。

这些老电影传播的是真正的正能量，能随时提醒我们和平与幸福的来之不易。这是我多次组织红色电影展映的重要原因，而且我在活动中收到不少惊喜。一些常州本地的电影工作者找到我，在技术上和精神上给予我支持，让我非常感动。

2021年是建党100周年，我曾设想过继续组织红色电影展映。但是年初考虑到疫情防控，我改变了原来的计划。取而代之的是，免费向喜欢红色电影的影迷提供片源和放映机。

当年7月，为了让更多人看到经典红色电影，我开始联系社区等基层单位，向他们提供片源和放映机。我接受采访时，已有街道和社区与我联系，在近期举办基层红色电影展映活动。

缅怀革命先烈，弘扬爱国精神，我会继续做好红色电影收藏工作，让它们发挥应有的作用。

（记录、整理：吕洪涛）

我见证了维达的创立和新生

□ 讲述人：王汉琪

王汉琪，原常州维达饮料厂厂长

“岁月如梭，人生如梦，青春如昨，转眼古稀。我们这些从 20 世纪走过来的一辈人，经历了新中国的计划经济时代，又体验过改革开放的波澜壮阔，同时也置身于改革的大潮中，做了回弄潮儿。现在进入了夕阳红的年岁，回首往事，我人生中最精彩的片段，莫过于在 1987 年担任常州市酒厂厂长时，带领全厂干部职工，于企业濒危之际，另辟蹊径，创立维达饮料品牌，使企业焕发活力走向新生的经历。当年所经历的种种困难，其中的甜、酸、苦、辣，至今想来，真是倍感亲切。”

人届中年，受命于危难之际

1987 年，我当时在常州市郊区五星乡工业公司任经理，这是个权不重、事且繁的位置，当年的我年届四十有五了，以为安分守己地在此岗位上干着也不错。谁知造化弄人，当年的 10 月，常州市郊区组织部一纸调令，将我调往常州市酒厂担任厂长。

常州市酒厂原来是常州市轻工局下属的立新酒厂下放给郊区五星乡的乡办厂，1971 年升格为区属大集体企业。该厂专门生产古运河牌黄酒，是当时

原常州市饮料厂厂长王汉琪讲述维达饮料的历史

计划经济时代特有的菜篮子工程企业，原材料大米由市粮食局计划供应，每斤价格为1角4分，所产黄酒全部由常州市糖烟酒公司统一包销，黄酒的出厂价为每斤4角2分，用大坛包装。

市场经济之前，该厂凭此单一产品养活了200多名职工。自从改革开放以后，政策就变了，随着城市临时人口的增加，黄酒作为生活必需品，销量也随之上升了。问题出在计划供应的大米不增加，增产的黄酒原料要购买计划外的大米，价格是每斤9角，可是常州糖烟酒公司来收购黄酒的价格却不准抬高，说是物价局不批准提价，如此一来矛盾就产生了。生产成本提高，产品价格依旧，多产多亏，亏损的帽子很快就戴到了常州市酒厂的头上。

最严重的时期，厂里连工资都发不出了，更谈不上工人的福利。因此，企业内部人心涣散，工人生产积极性日趋低落。

我正是此时临危受命，来到常州市酒厂走马上任。按照常规来说，我也算是官升半级了，应当高兴才是，可是面对陷入困境的企业，我当时真是愁绪满怀，满脑袋想的是上级领导的嘱托、厂里的干部职工对我的期望。

我想既然来了，就要设法干出个样子来，路是人走出来的，何况当时的大趋势是往放开搞活的方向发展。只要在政策许可的范围内，我们总会找到扭亏的办法的。

坚定信心，寻求扭亏的新招

当年的酒厂虽然是亏损企业，但是那个时代还没有下岗、失业一说。因此，只能有饭大家吃、无饭大家饿。解决 200 多名职工的吃饭问题是我们最迫切的任务。

为了破解难题，我们在厂内发动干部职工一起想办法，同时还提出可以跳出本厂产品的框框，寻找有市场卖点的产品组织生产。于是就有人提出来说，前不久厂里也曾动过这方面的脑筋，曾经与上海威尔达饮料厂联系过，合作生产他们的饮料，即购买他们厂里的原浆回来加工出售。但是由于方方面面的诸多原因，没有能够投放到市场上去。

我知道了这个情况后，立即盯住不放，因为直觉告诉我，随着改革开放，人民的生活水平大幅提高，饮料的销路肯定会有前途，因为是千家万户、男女老少、婚丧喜庆都会需要的。如果真能把这个产品合作成功，那么厂里翻身扭亏是有希望的。我理清了思路，又将原来的合作情况摸清楚门路，就迎着困难上，将拦路虎一个个扫除。

首先，我们会同厂内技术人员、销售人员对威尔达饮料的质量、口感、包装、价格等方面进行仔细研究，觉得可行性极大；紧接着，我们主动邀请市卫生防疫站的专业人士陪同，一起前往上海闵行区的威尔达饮料厂考察、洽谈。

市卫生防疫站的专业人员既内行又敬业，他们对该厂的生产环节一一摸清楚，又取得了各种指标数据，而我们则与厂家深入洽谈合作的细节条款。

晚上回到旅馆后，我们不顾疲劳，又在房间里开展商讨。那时已是冬天，零下几摄氏度的天气，20 世纪 80 年代空调尚未普及，晚上房间里冷得很，我们就在被窝里取暖，拥被而谈。记得我们和同去的技术人员从合作细节到生产能力，再从包装式样到价格定位，还有市场投放、广告宣传等等，凡是能想到的问题都展开了热烈的讨论。我们心里头仿佛有一团火，让人忘记了寒冷，创业的激情使我们聊得忘了时间，直至黎明才停止讨论。

回厂后，立即分头行动：厂里成立饮料车间进行批量生产；外部则是向市里各个主管部门打招呼，请求支持、协调。

政府机构的工作人员对我们基层企业的事情很热心，市食品办首先表态给予全力支持，并且主动为我们牵头找防疫站、质监局、物价局、工商局等一起办公，对所需办理的手续一路绿灯，畅通无阻。

经过这些程序后，原来所有的困难都迎刃而解，时间已近年关了，要想把饮料投放市场也不能悄无声息吧？于是我又组织人员兵分几路，一是寻求媒体支持，二是寻找愿意销售的商家。新闻媒体给予了我们极大的帮助，他们纷纷派记者采访报道。而我们又主动与常州市有影响力的商家联系，最后确定由常州市政府对面的老大房副食品店、延陵西路上的韶山副食品店两家进行试销。

毫不夸张地说，当年的新闻媒体报道确实具有强大的号召力，1988 年的大年夜，老大房副食品店从上午一开门，便有大量的消费者涌入购买饮料（当时用的是上海威尔达的牌子）。每人限购 2 瓶，售价是每瓶 1 元，单价比啤酒还稍贵一些，但也挡不住人们的购买热情。

到了年初一傍晚，厂里的库存全部卖完了，我们听到消息后，连夜想办法请工人回厂加班。要知道那个年代通信不发达，拥有私家电话的人家寥寥无几，我们想到了一个好主意：在五星乡广播站通过广播发通知，要求酒厂饮料车间的工人年初二全到厂里加班。这一招很灵光，因为酒厂工人绝大部分是本乡的居民。年初二早上，饮料车间的工人都来了，大家兴高采烈，好像碰上了大喜事一般，鼓足干劲加油干。生产出来的饮料随即组织运送给两家店应市，及时满足了广大市民在春节期间的需求。

试水成功，催生自创品牌梦

经过春节期间的旺销，市场给我们的信息是“绝对有戏”！当年的市场上可供选择的饮料品种不多，除了鲜橘水、酸梅汤、汽水外，还有刚刚露面的“洋饮料”可口可乐。

我们的饮料口感恰恰可以与可口可乐相媲美，消费者能够认可我们的饮料，说明口感上能为大众所接受。还有我们采取了空瓶可以回收（价值2角钱）的措施，也受到了消费者的欢迎。

春节后一上班，我们领导班子趁热打铁商讨起下一步如何走。我当时就提出，既然有大量的市场需求，我们不能为他人作嫁衣，受制于人，而是要再接再厉设法弄出自己的品牌来，这样既可名正言顺地宣传，扩大市场销售份额，也可使企业在这个产品上取得好的效益，彻底与亏损告别。

但是，也有人认为这样做风险比较大，说说容易实施难，我们既无配方，也没有这方面的专业技术人员，再说酒厂生产饮料，名不正言不顺。

这个时候，我们慎重地分析了利弊得失，认为自创品牌有百利而无一害，这个契机抓住了，就能走出一片新天地。做事业总会有困难，害怕困难，不动脑筋找办法克服困难，那才是死路一条。我们下定决心，背水一战。从2月起，我们就步步为营、稳扎稳打地干了起来。

第一步，全力以赴试制产品。我们首先动员技术人员摆脱畏难情绪，鼓励他们放胆去试。因为有威尔达饮料的样品在手中，可以设法慢慢摸索着实验。

于是，参与试制的技术人员放下思想包袱，全心投入，开动脑筋、群策群力，他们加班加点，从不计较。为了寻找配方比例，他们反反复复地试，都记不清试了多少次，最后近两个月试下来进行对比，已经在色泽、口感上与威尔达饮料样品相似了。

但是细细品味，总觉得在口感上还有欠缺，总是感到有一点儿说不清的差异。最后只好去上海威尔达饮料厂求教，邀请该厂的技术副厂长来我们厂里给予指导。

哪知道他看了我们的资料后就是不肯说出差距的关键点。后来我们就派出了技术人员去和该厂长做工作，厂长终于被感动，最后吐真言说我们的配方中尚缺一样添加剂。

采购人员拿着材料名称问遍了常州经营化工原材料的单位，均说没有，因为常州没有单位使用，只有到广州才有供应。我们的采购人员连夜飞往广州，终于很顺利地将货购回常州，拿到了关键的配料照着实验，谁知一试就成功！赶走了技术上的拦路虎、试出了成功的样品，参与者就像打了个大胜仗，欢欣鼓舞啊！

我有台历记录，那一天是 1988 年 3 月 21 日。这是一个值得我终身铭记的日子，那一天距我调入酒厂差几天就半年了。

第二步，申办成立常州市饮料厂。正如前面所述，一个酒厂去生产饮料，总觉得不合理，宣传起来也有障碍，我们研究后决定要在饮料车间的基础上增挂一块牌子：常州市饮料厂。这就可以名正言顺地操作一系列的事情，也就是一套班子两块牌子。

由于那时候的计划体制，成立一个企业要层层批复。我们首先向常州市郊区政府上报计划，没料到区政府很快就批复同意了，接着我拿着文件跑市计委分管的科室。

我记得十分清楚，那天是个下雪天，日期是 3 月 18 日，我迎着风雪从谭墅骑车到马公桥时，已经满身是汗。路上只见不断有人摔跤，我想我不能摔，万一摔了要耽误大事的，于是就把自行车推到马公桥旁的常州物资回收公司仓库里寄存，迈开双腿向常州市政府走去，走到市政府时已满身是汗，内衣潮湿了也顾不上。

到了计委工商科找到分管的姚传传科长，他看到这么恶劣的天气我还步行赶来办事，很感动，立即带着我去找分管的韩兆春副市长批。

不巧的是，韩市长去外地开会了。看我非常着急的样子，姚处长又设法带我去副秘书长处说明情况。副秘书长很通情达理，居然帮我急事特办代批。见顺利批准，姚科长回到办公室立即起草批复文件，一天之内就将成立常州市饮料厂的文件办妥了。

此后，我们如有神助，跑工商局办理营业执照，到税务局办理税务登记证，再去公安局办理雕刻公章的许可证，总之是一顺百顺路路顺。这些手续的办理一共只花了几天时间。

第三步，借助社会力量确定商标及标识。产品试制成功，饮料厂成立手续完善，紧接着要为饮料取名称，也就是定商标。

20世纪90年代常州市饮料厂的宣传单

这是非常关键的一步，因为产品的品牌创立首先就要有个响亮的名称，名称确定后，设计标识才能做下去。由于厂里缺乏这样的专业人才，我们向媒体记者们请教怎么办才好，记者们纷纷建议，向全社会征集饮料名称。于是我们在常州主流媒体发布征集饮料名称的广告，结果在短短的几天内就收到数百封建议书，我们又反复筛选、推敲，最后定名为“维达”。

接着，又采取同样的方式向社会征集商标图案，也是一举成功。这样的举措一举几得：一是为产品造势；二是让广大群众参与，增加消费者的认同感；三是集思广益，取名、商标设计均在短期内完成，前后只花费了短短的十几天工夫。

更难忘的是，市工商局商标科的工作人员得知我们的产品想定于5月1日上市，而商标核定迫在眉睫时，就优先携带我们的商标申报材料直奔位于南京的省工商局。在顺利通过省局核定后，又直接飞往北京到国家工商总局为我们专程办理商标注册手续。

我们清楚地记得，1988年4月15日下午4点，接到从北京传来的"维达"商标注册成功的喜讯时，大家都好像中了大奖般喜悦、激动，感到前面所有的辛苦疲劳都是值得的。

接下来的商标印刷、包装定制、核定价格、联系商家等一系列的准备工作有条不紊地展开，用现在一句时髦的话说就是忙碌而快乐着！

第四步，大手笔布局广告宣传。经过春节期间的销售，我们深知饮料的消费群面广量大，不投入广告宣传就无法让消费者了解维达这个饮料新面孔。

在认识一致的基础上，我们舍得花钱做广告，首先选择主流媒体。日报、晚报、电台、电视台、广电报均有我们维达的广告。其次，我们选择在常州闹市区做了霓虹灯灯箱大广告，每当夜幕降临，常州红星大剧院东边的居民高楼上就亮起了维达的广告，内容是"维达，维达，时尚高雅"。这是常州市区第一块食品类霓虹灯广告，当时真是时髦至极、万众瞩目，宣传效果不言而喻。

此外，我们还选择将公交车作为流动广告载体，在3路车的车身上刷上了维达饮料的广告语，使维达饮料更加深入人心。

在工厂内部，经过动员，全体饮料车间的干部职工都紧张有序地忙碌起来，为了同一个目标，抢在夏季到来之前，大量生产饮料。工作量虽然都加大了，但是没有一个人叫苦喊累，那时候工人的生产积极性是空前的，现在回想起来，都要为之感叹一番！

第五步，精心筹划维达上市大型活动。饮料的销售对象实在是面广量大，新品上市之际，我们预备要搞规模大一点的活动，借助节日期间街上人多的优势，扩大维达的影响力。

因此，我们请了专业筹划人员就上市的活动进行精心策划，最后决定于5月1日在常州花园新村中心街区，进行维达饮料的首次上市展销优惠活动。

那天宣传工作全部跟上，彩旗、横幅、空气拱门将现场烘托得热闹非凡。活动一开始就人山人海，工作人员忙得不可开交，以至于后悔原定计划太保守了。于是又与工商、城管、交警等部门协商，将优惠展销活动移至市文化宫广场进行。移到文化宫广场后，场地宽敞不用说，人流量也是花园中心街区的数十倍，前来品尝者、购买者络绎不绝，以至于我们现场人手不够，又临时调集人员来支援。

大家越忙越兴奋，看到近半年的奋斗终于有了成果，产品为广大消费者接受认可，都忘记了自己的辛苦和疲劳。更加令人兴奋的是，还有消费者来提建议说："人家青岛有啤酒节，每年都搞一次，你们饮料厂也可以借鉴，举办一个饮料节嘛！"

后来，经过研究，我们采纳了这个很好的建议，于每年的7月17日举办"7·17维达饮料节"。该活动后来又延长至10天，时间为每年的7月17日至7月27日，意为"吃一吃，不够劲，还要吃两吃"。这个饮料节活动我厂前后一共举办了9次，意为"长长久久"。

维达口碑好，产量攀上万吨级

由于我们饮料厂的维达饮料在口感上有别于以往的国产饮料，与进口的可乐有相近之处，但在价格上却很具竞争力，因此一经上市销售，便得到广大消费者的认可，在常州地区的销量每年逐级攀升。

常州市酒厂虽然不赚钱，但是饮料厂的盈利逐年增加，因为是两块牌子，账目分立，而原来酒厂的工人分流了一大批到饮料厂，减轻了酒厂的开支，从而使酒厂也扭亏了。

这么一来，非但酒厂工人无须下岗，随着饮料产量的不断增加，我们还要向社会上招收职工了。这真是一个产品救活了一家企业的活生生的例子，让几百名员工可以安居乐业，这个时候，我才为之高兴，工作上面更加放手去搏。

随着维达饮料的家喻户晓，销量与日俱增，厂内生产设备跟不上了，我们就大力投资新建厂房，引进万吨饮料灌装设备。产量增长，我们又适时地提高市场占有率。原来以在常州市城乡范围销售为主，后来就延伸扩展到无锡、江阴、丹阳、宜兴等地区去占领市场。

于是，我们的广告宣传也随之跟上去，那时农村的房屋只要是沿路沿街的大块墙面上，都能看到我们厂所作的"维达——我心目中的饮料"大幅宣传标语。维达在城市乡村都占有较大的市场份额后，我们又顺应潮流，研发扩展饮料品种——可乐型、柠檬汁、芒果汁、水蜜桃汁、鲜橘水，包装有玻璃瓶、塑料瓶、易拉罐等。

此外，由于我厂的深井水经市水质监测部门评定达到矿泉水的标准，又增加了矿泉水生产。这样在短短的几年中，我们常州市饮料厂在江苏省地产饮料行业中脱颖而出，成为江苏省饮料工业协会副理事长单位（理事长单位是镇江的健力宝饮料公司）。

在此期间，我们常州市的新闻媒体给予我们极大的支持与呵护：电台广播里天天在喊"维达，维达，时尚高雅"，电视里"维达向你问好""维达祝您晚安"等字样、口号与观众每天早晚都见面，电视报还在醒目的位置刊登"维达向你问好"的文字。《常州日报》《常州晚报》经常刊登我们维达饮料的展销活动内容，中央电视台《经济半小时》栏目也为我们维达饮料的生产活动进行过报道。

宣传广告的广泛和持久使维达饮料的美誉度、信誉度得到了巩固提高。人们喝饮料就说“吃维达”，甚至抱在手里的小孩都会说“维达、维达！”那时在常州，“维达”二字简直成了饮料的代名词。

企业上台阶，积极回馈社会

经过几年的内增外扩，我们的维达商标成为常州十大名牌之一，产量吨位已达全省地产第一，矿泉水又通过了国家鉴定。

饮料厂的发展势头真可用“蒸蒸日上”来形容，这时，我们认为是有能力回馈社会的时候了，于是就主动参与文艺演出、体育比赛的赞助活动。

记得 1992 年时，市体育馆（现中天体育馆）要搞建馆五周年庆典活动，我们作为赞助单位，邀请了中国曲艺团来常作庆祝演出，唐杰忠、姜昆、陈佩斯、朱时茂、白桦等著名演员纷纷来到常州，我亲自去扬州迎接他们，与他们相谈甚欢，到常州后住南郊宾馆。

20世纪90年代，著名相声演员姜昆为维达饮料题词

演出前，陈佩斯学了常州话“昵吃饭份”，登台表演时，他的这句常州话将全体观众逗得开怀大笑。姜昆还为我们题了“维达佳饮誉神州”的词，他还与当时的常州市副市长洪文鑫相互交换墨宝呢！

中国女排表演赛、中国女篮表演赛、乒乓球比赛等活动，我们先后为他们赞助了饮料，赢得了他们的一片掌声，邓亚萍还亲自向我们祝贺。

著名越剧表演艺术家袁雪芬、周宝

奎、徐玉兰、王文娟等多次来常参加越剧联谊会活动，对我们赞助的维达饮料交口称赞。

锡剧表演艺术家王彬彬夫妇、小王彬彬夫妇均对我们支持地方文艺活动的实际行动给予赞扬和感谢。

老厂长王汉琪（中）与女篮队员郑海霞（左）等人在一起

我们还捐款支持国家申办奥运会。我们在每年的三伏天多次慰问交警、武警、常州军分区的战士，对他们卫国为民的辛勤付出表示感谢。

我们曾在 1991 年将优惠展销期间的收入全部用来捐助常州市的抗洪救灾活动。

更难忘的一件事是：1997 年 7 月 17 日至 7 月 27 日的第 9 次维达饮料节期间，我们邀请常州市文化馆、武进文化馆、武进锡剧团参与活动。当时的武进锡剧团沈惠兰团长坚持每天亲自到场为常武地区的消费者演出，他们先后在市区的文化馆广场，武进的湖塘、牛塘、奔牛、横林、横山桥等区域点连演 10 天。天气炎热，又要每天换场地，我们都感到过意不去，10 天一共补贴了他们演出费 5000 元，他们都非常满意，广大消费者也很开心。现在想到那些场面真是既激动又感动。

老品牌复活，老味道回来了

随着市场上的“洋品牌”越来越多，维达汽水的竞争压力越来越大。坚持到 2000 年，暂时退出市场，消失在了人们的视野中……

46 岁的胥国华这两年一直在做一件和常州老饮料相关的事——让“维达”复活。2017 年 5 月，随着天热，首批维达饮料在时隔 17 年后重新上市。

胥国华是我市一家桶装水公司的老总。为了找回配方，前两年，胥国华很少在自己公司，一直在为汽水重新回归的事情忙碌。

胥国华说，这些年来，年龄越大，对维达汽水的思念就越浓。他说，作为一名维达粉丝，总觉得应该做点什么。2015 年，胥国华整体收购常州维达品牌和知识产权。之后，胥国华开始真正做维达汽水的复活工作。

胥国华介绍，复活维达汽水的过程中，他遇到了不少难题。其中，有两个让他觉得最特别。第一个是恢复汽水的瓶贴、标识。一开始，他走访维达汽水原来的老员工、老领导，并进行网上征集，一无所获。他经过多方打听，最终，才在一本名为《企业与改革》的杂志中找到。

还有一个难题，就是配方。胥国华通过大量走访，仍然没有头绪。就在他准备放弃的时候，我在一本破旧的笔记本里找到了配方记录。

为了让维达汽水复活，胥国华投入了几百万元。一开始，他父母很反对，他们觉得，老汽水已经过时了，现在再做出来，仍没市场。

在胥国华犹豫的时候，维达的粉丝们，尤其是妻子的支持让他有了继续做下去的信心。

为了减少风险，一开始，不少朋友建议他走众筹的模式，但被他否定。他说，如果那样做，自己做的事情就变味了。而且，他坚信自己有实力、人脉、渠道能让维达汽水复活。胥国华说，现在北京北冰洋等国内本土品牌汽水做得风生水起，期待复活的维达汽水也能受到大家的认可。

如今，胥国华不仅复活了维达汽水，还研发出酸奶等维达品牌的产品。据我了解，目前，这些产品已在 7 个城市销售，且市场反响不错。我真心为他高兴，也为维达老品牌高兴。

说到这里，我要特别强调的是：维达饮料这个品牌曾经拥有的辉煌，不仅仅是我个人的荣耀，还是我们常州市饮料厂全体干部职工在市场经济的大潮中，不甘沉沦、齐心协力、努力奋斗、甘愿奉献的成果。

过去的时代渐行渐远，那些年代里我们真诚地做人、做事的优良作风是不能忘记的。我要借此衷心感谢那些对维达饮料给予关心、支持、帮助的各界人士，没有你们，也就没有维达在常州历史上的闪光地位。

（记录、整理：陆润华、吕洪涛）

从法律顾问处到律师事务所

□ 讲述人：吴克贤

吴克贤，曾任常州市法律顾问处副主任，改革开放后，常州市首批律师之一

“1985 年 11 月 29 日，江苏省司法厅苏律第 219 号文件同意我市将原法律顾问处改为常州市第一律师事务所，并同意成立第二律师事务所，全处人员一分为二，新设的律师事务所从 1986 年 3 月 1 日起开始对外正式办公，原市法律顾问处撤销，旧印章同时作废。律师办事机构的名称也按照司法部的规定改为律师事务所，与国际接轨，而法律顾问处的名称至此也完成了历史使命。”

十一届三中全会后，我国决定恢复法律顾问处

新中国成立后，从 1955 年开始，我国一些大中城市逐步建立了法律顾问处，为当事人提供法律服务。法律顾问处沿用的是苏联律师服务机构的名称。然而在“左”的思潮影响下，1957 年开始已经建立的法律顾问处纷纷撤销，有的律师遭到不公的对待。直至 1959 年，中华人民共和国司法部也随之撤销。

1978 年 12 月，党的十一届三中全会胜利召开，全会提出加强社会主义法制建设，发扬社会主义民主，全党进行了拨乱反正。

1979 年 7 月 1 日，第五届全国人民代表大会第二次会议通过了《中华人民共和国刑法》和《中华人民共和国刑事诉讼法》等 7 部重要法律。随后中

华人民共和国司法部也重新恢复组建，中断了20多年的律师制度也得以恢复，这一切都标志着我国法制建设得到了空前的加强。

1979年9月，常州市中级人民法院遵照江苏省高级人民法院的指示，派出两名干部到常州市委组织部、市人事局和教育局调查了解，我市有哪些同志曾经毕业于政法院校，或者曾经从事过政法工作，适合从事专职律师工作，从而为组建常州市法律顾问处（以下简称“市法律顾问处”）做好组织上的准备工作。

事实上，在1979年12月上旬，我和另一位同志在市法律顾问处和市司法局尚未建立之前就已到常州市中级人民法院报到，被分配在该院司法行政科从事专职律师工作。

1980年4月10日，常州市中级人民法院党组（常中法〔1980〕委字1号）向市委提交《关于建立常州市法律顾问处的报告》，请示建立常州市法律顾问处，编制名额暂定10人，其中正、副主任2名，律师6人，行政人员2人。

1980年9月18日，常州市革命委员会（常革发字〔1980〕123号）文件印发《同意建立常州市法律顾问处的批复》，规定“暂由市中级人民法院领导，所需人员在现有人员中调剂解决”。自1980年2月至1982年3月，又陆续调进了5名同志担任专职律师，还有3名年轻同志担任法律工作者，从事律师的辅助工作。

经过两年的实践，市法律顾问处正式挂牌成立

1980年8月26日，第五届全国人民代表大会常务委员会第十五次会议通过了我国第一部关于律师制度的立法——《中华人民共和国律师暂行条例》，把律师的属性定位于国家法律工作者，是经国家许可的用法律知识为社会提供法律服务的法律专业人员，国家干部编制，由国家发工资。

该条例规定，律师的五项业务为：（一）接受国家机关、企事业单位、

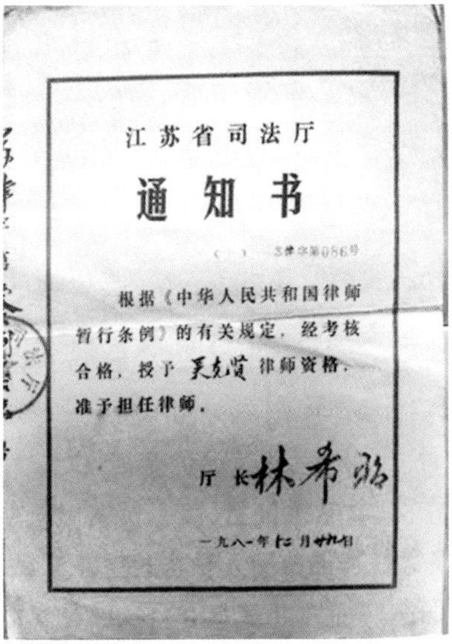
江苏省司法厅

通知书

（ ） 苏律字第086号

根据《中华人民共和国律师暂行条例》的有关规定，经考核合格，授予吴克贤律师资格，准予担任律师。

厅长林希路

一九八一年12月廿九日

丨改革开放后，常州市最早的律师资格证

社会团体、人民公社的聘请，担任法律顾问。（二）接受民事案件当事人的委托，担任代理人参加诉讼。（三）接受刑事案件被告人的委托或者人民法院的指定，担任辩护人；接受自诉案件自诉人、公诉案件被害人及其近亲属的委托，担任代理人，参加诉讼。（四）接受非诉讼案件当事人的委托，提供法律帮助，或者担任代理人，参加调解、仲裁活动。（五）解答关于法律的询问，代写诉讼文书和其他有关法律事务的文书。

在当时，人们对律师制度和律师业务并不熟悉，甚至产生种种误解，认为律师是替反革命分子说话，是为坏人撑腰，立场有问题等等。不仅如此，就连政法部门内部的同志和某些领导干部也有这种看法，这给开展律师工作带来很多阻力和困难。而法律顾问处的名称当时也没有同国际接轨，人们对它的性质和作用也并不清楚。

针对上述情况，我们首先从办理刑事案件入手，为刑事案件被告人担任辩护人，依法维护其合法权益。律师在为被告人辩护过程中，一方面，协助法院进一步弄清事实，准确定性，正确适用法律，依法量刑，以维护被告人的合法权益，同时发挥法律的威慑作用，使之认罪服法，更好地接受改造，有利于社会的安定团结；另一方面，通过办案宣传法律，从而教育人民群众，使人民群众通过列席旁听案件受到生动的法制教育。

经过两年的实践，市法律顾问处的工作已打开局面，具备了正式挂牌的条件。1981年12月28日，市司法局常司字〔1981〕15号文件《关于启用市司法局、常州市法律顾问处、常州公证处印章的通知》：“根据江苏省人民政府苏政发

〔1980〕170号和常州市委常委组字〔1981〕9号及市革发〔1980〕123号文件精神，我市司法局、法律顾问处、公证处经过一段时间的积极筹建，现已正式成立，于一九八二年一月一日起对外办公，并启用常州市司法局、常州市法律顾问处、常州公证处印章。"

当时办公的地址在常州市青果巷38号。1981年12月29日，江苏省司法厅根据《中华人民共和国律师暂行条例》的规定，经过严格的考核，授予杨诚良、吴克贤等6位同志律师资格，准予担任律师，并报司法部备案。1982年2月，杨、吴两人分别被任命为市法律顾问处正、副主任。

由于市法律顾问处业务不断扩大，人员也有所增加，大家积极开拓业务，逐步摸索开展民事案件和非诉讼案件的代理工作，以及开展法律顾问工作。

1982年4月，市法律顾问处接受铁道部戚墅堰机车车辆工厂的聘请，派

该照片摄于1984年2月18日，当时市法律顾问处连续3年被评为市级机关先进集体。前排左起：齐韶、徐示先、杨诚良（主任）、吴克贤（副主任）；后排左二为周维桢，右二为徐牧之，右三为何毓庚，其余为辅助人员

出律师担任该厂法律顾问。当时该厂是具有 14000 多名员工的国营部属企业，规模大、人员多、业务繁忙，律师的服务作出了成绩，受到了该厂的好评。市法律顾问处到 1984 年底，累计办理刑事案件 634 件，民事代理案件 105 件，其他案件 31 件，法律咨询 4367 起，担任法律顾问单位 30 家。按照 1981 年 2 月 14 日江苏省财政厅和司法厅联合下发的关于试行《江苏省律师收费暂行办法》的通知规定，从 1981 年 3 月开始收费至 1984 年底，累计收费 75847.05 元，全部上缴财政。

改革开放后，我市的第一批律师来自全市范围内的招聘

随着律师业务的全面展开，律师除了办理刑事、民事等案件外，聘请律师担任法律顾问的单位也越来越多，到了排队等候安排的地步，任务与人员之间的矛盾日益突出。

为此，1984 年 1 月，市司法局与市人事局商定，拟在全市招聘律师工作者。凡具备高中以上学历、有志从事律师工作的青年人，报名不要介绍信，经统一考试合格后择优录用。在《常州广播电视报》上刊登招聘简章后，短短几天就有数百名青年报名。经过严格的考试、体检和政审，到 6 月，市区共选调录用了 12 名同志，名单报经市人事局后，由该局统一出具调令，在较短时间内全部调动到位。

1984年，常州市首次公开招聘律师，这是培训班成员的毕业照

同年 7 月上旬，

市司法局和市经委联合举办兼职法律顾问培训班。有关单位的行政领导、供销、财会和技术人员62名，全部具有高中以上学历。该班开设《法学基础理论》《经济法概论》《刑法》《刑事诉讼法》等15门课程，由市法律顾问处的律师和政法部门的有关同志担任老师讲课，培训时间近半年，市局招聘的律师工作者也同时参加了培训。

在这一期培训班的基础上，市司法局又招聘了第二批律师工作者，于1985年8月经过半年培训后挑选了15名同志进入市法律顾问处工作。这时全处共有近40名同志，可谓人才济济。

适应新的形势和任务，法律顾问处变为律师事务所

为了适应新的形势和任务，1985年11月29日，江苏省司法厅苏律第219号文件同意我市将原法律顾问处改为常州市第一律师事务所，并同意成立第二律师事务所，全处人员一分为二，新设的律师事务所从1986年3月1日起开始对外正式办公，原市法律顾问处撤销，旧印章同时作废。律师办事机构的名称也按照司法部的规定改为律师事务所，与国际接轨，而法律顾问处的名称至此也完成了历史使命。

随着时间的推移，律师制度改革的深化，20世纪80年代中期出现了合作制律师事务所，后又出现合伙制律师事务所，律师服务的领域也更加广阔，特别是我国加入了世界贸易组织之后，律师的作用也更加显现。

2000年8月，根据司法部的文件规定，为适应市场经济发展的需要，凡国资律师事务所需改制为合伙或合作律师事务所。在这样的大好形势下，律师事务所如雨后春笋般建立起来。经过40多年的发展，到目前为止，我市已有168家律师事务所，执业律师2124人，公职律师264人，公司律师75人，法律顾问单位5240家。这充分显示了律师在当今社会已成为一支不可或缺的队伍，无论在经济领域还是在政治领域，它都发挥着应有的作用。

注：1983年11月之前尚未实行市管县，因此市法律顾问处服务的范围仅包括天宁、钟楼、戚墅堰区和郊区。武进、金坛、溧阳三县都有县法律顾问处。但1983年11月之后，实行市管县，情况就改变了。

（记录、整理：吕洪涛）

我参与设计的一款收录机，风靡市场10年之久

□ 讲述人：葛维克
葛维克，曾担任常州无线电总厂产品开发部经理

“当时常州无线电总厂的员工特别多，每到下班的时间，厂里的员工蜂拥而出。多年后，这样的画面仍经常在我的脑海里闪现。”

感谢高考，是它改变了我的命运

将时间轴拉回1977年夏天，我依旧记得常州第十中学教室里沙沙的写字声、窗外浓重的树荫，当然，印象最深的还是“找教辅”。那个时候百废待兴，缺师资，也缺好的教材，为了做到一套习题，我经常跑遍常州各个中学。

满世界找高考资料，那个时候油印的复习资料，只要哪个学校出了一点，赶紧弄过来互相看，我遇到认识的同学、老师就说：“你们那边发了数学综合测试题，赶紧弄过来我们也做一遍，通过做试卷，发现自己在哪里有欠缺。”

我高考考了379分，以学校第三、机械系第一的成绩被东南大学录取。“求知若渴”，用这四个字来形容当时的班级风气毫不为过。来自各行各业、各个年龄段的人因高考成为同学。班上有工人、农民、现役军人，作为应届生，我是班级里最小的。

毕业后，我到常州无线电总厂工作，从产品设计师做起，一直到产品开发部经理。我参与设计的“星球牌”SL8807型号收录机是那个年代的“网红”

产品，累计销售 100 多万台，想买还得排队。我创业后，常州原音电器制造有限公司也靠着技术迅速打开市场，销售遍及全球。所以我要说，是高考和本科的教育给我后续的发展绘上了底色。

高考改变了我的整个人生轨迹，而关于高考，关于那个夏天，都定格成了最美好的青春记忆。

20世纪80年代初，三厂合并成立常州无线电总厂

提到“星球”，二三十年前，和它有关的日子是我一生中最美好、最难忘的时光。回想起当年在常州无线电总厂工作时的情景，我仍非常怀念。

从 20 世纪 80 年代中期开始，常州无线电总厂生产的“星球牌”收录机风靡全国。1999 年，常州无线电总厂改制，“星球牌”收录机逐步在市场上销声匿迹。潮起潮落，“星球牌”收录机从兴起到辉煌，再逐步走向黯淡，我都是见证者。所以说，在我记忆深处，最难忘的肯定是“星球牌”收录机最风光的那段岁月……

在常州，每次经过清凉寺，我就会想起当年我曾经奋斗过的地方。清凉寺南侧就是常州无线电总厂。当时常州无线电总厂的员工特别多，每到下班的时间，厂里的员工蜂拥而出。多年后，这样的画面仍经常在我的脑海里闪现。

20世纪80年代，葛维克（左）和家人带着收录机去红梅公园游玩

当时，常州无线电总厂在常州是数一数二的大厂，生产的“星球牌”收录机曾风靡一时。我喜欢上网，在常州本地网络论坛上，常州无线电总厂和“星球牌”收

常州无线电总厂生产车间

录机经常被网友们提起。但是，很少有人能完整地说清它的历史。

我在 20 世纪 80 年代到常州无线电总厂工作，从产品设计师做起，一直做到产品开发部经理。前后在常州无线电总厂工作了 20 年左右的时间，对该厂的发展脉络较为熟悉。据我了解，常州无线电总厂是在 20 世纪 80 年代初，由常州无线电厂、常州第四无线电厂、常州第二航海仪器厂合并后成立的。

合并前，常州无线电厂和常州电讯器材厂都生产收录机。但是，两家生产的收录机的牌子并不同，前者叫"星球"，后者叫"云雀"。后来，我市为了做大做强收录机产业，把常州电讯器材厂的生产线搬到隔壁的常州第四无线电厂。

1982 年，三厂合并，成立了常州无线电总厂。从此以后，常州无线电总厂生产的收录机统一贴"星球"商标。

参与设计的一款收录机，风靡市场十年之久

在当时，常州无线电总厂的员工有 3000 多人，这样的规模在常州数一数二。作为东南大学毕业的高才生，当时我也有不少很好的工作岗位可以选择，但常州无线电总厂成了我的首选。

那时候，常州无线电总厂是国企，而且收录机已经开始声名鹊起，效益好，收入高。

葛维克（右一）和同事在“星球牌”收录机旁合影

20 世纪 80 年代，常州无线电总厂的产品有 10 多种，进入 90 年代以后，产品型号逐渐增多，多达几十种。

其中，生产时间最长的是型号为 SL833 的一款收录机，该款收录机的生产从 1984 年一直维持到 1993 年。这款收录机是我参与设计的第一个产品，当时，我们团队一共四五个人。这款产品从设计到完成样品，我们一共用了 3 个多月的时间。

完成样品后，还要经过层层测试检验。只有所有环节都通过，才能正式量产。我记得，那时候经常去的检测机构是位于无锡的江苏省电子产品检测中心。正是凭着一丝不苟的精神，常州无线电总厂生产出来的收录机才会赢得越来越多的消费者。

“星球牌”收录机的销量，曾经在全国数一数二

我记得，SL833 的累计销量是 30 万台，每台的价格在 250 元左右。其实，SL833 的销量还不是最多的。

我曾经看过厂里的统计，我参与设计过的销量最多的收录机型号是 SL8807，累计销量达 100 多万台。两款创名牌的产品——SL832 和 SL303，分别获得了全国音质奖和全国质量奖。

印象较深的还有 SL858 和 SL302 这两款产品，当时这两款收录机造型非

常时尚，非常受消费者欢迎。最贵的一款收录机是SL868，价格为600多元。那时收录机是家庭中的大件物品，结婚时都要买。我们一个月的工资才几十块钱，一台收录机接近我们一年的工资，但买的人仍经常排队。

20世纪八九十年代，全国做收录机的企业并不是太多。武汉的“长江”，盐城的“燕舞”，上海的“红灯”和“春雷”，南京的“熊猫”，都是当时知名的品牌。“星球”和其他品牌相比，更注重产品质量和研发。当时，常州无线电总厂每年都会开两次全国性的销售会，会上都会推出新产品。

所以，常州“星球”的销量在全国数一数二。当时，我们在全国设立了30多个销售服务点，最多的时候，市场占有率达到30%。

“星球牌”收录机当时有多火？我印象最深的是，当时的“星球牌”收录机，一生产出来都是靠抢的。有一次，我还碰到几批客户因为抢货而打架。

20世纪90年代，“星球”暗淡，“新科”崛起

20世纪90年代中期，常州无线电总厂生产的便携式收录机仍非常火爆，但已经在走下坡路。我认为，“星球”产品之所以衰落和大形势有关。这时候，CD、VCD等电子产品开始陆续出现。

当然，“星球”的衰落和没有及时转型也有很大关系。当时，厂里尽管投入力量进行CD的研发，但重心仍放在了收录机上。1995年，我们开始和夏普合作，为其生产收录机。和夏普合作，虽然维持了企业的生存，但同时也开始失去国内市场。

与此同时，常州另外一个品牌却开始走红，那就是新科VCD。提起新科VCD，它还和“星球”颇有渊源。

新科的前身在20世纪80年代以前是以造船为主业务的乡镇企业，后来厂里有几个员工喜欢组装电视机，便开始组装生产电视机，牌子是“珠光”。20世纪80年代中期，政府扶持乡镇企业，这个船厂成为常州无线电总厂的

分厂，被称为常州无线电总厂第五分厂。但该厂仍属于乡镇企业，我们主要是帮他们建立产品研发和销售体系。常州无线电分厂的地址在洛阳镇，我设计的 SL833 收录机就是在那里生产的。

后来，第五分厂逐渐有了自己的产品研发和销售体系，注册新公司为新科，并把中心放在了 VCD 和 DVD 上，火了一段时间。

除了洛阳的第五分厂，后来常州无线电总厂还开了其他分厂，最远的还把分厂开到了宁波。

改制后，“星球”产品在市场上已难觅踪迹

资料显示，1999 年，常州无线电总厂改制。之后，我便从公司辞职，开始自己创业。现在，我拥有一家主营电源业务的企业。

常州无线电总厂改制后，“星球牌”收录机逐渐在市场上销声匿迹。我从市工商部门了解到，目前，“星球”商标的所有方为迪讯科技（常州）有限公司，目前公司有几百名员工。他们的主营业务是接国外订单，生产电视机。但是，这些电视机都是贴牌的，人家也不使用“星球”品牌了。

常州无线电总厂改制后，公司仍在原址待了几年。2010 年，改制后的公司从清凉寺南的老地址，搬迁到新北区电子科技产业园。

（记录、整理：吕洪涛）

"幸福牌"电视机的幸福年代

□ 讲述人：吴立坚
吴立坚，原常州电视机厂职工

"前几年，原常州电视机厂的部分员工组织了一次聚会。聚会照片一传到网上，就引起不少网友围观。'常州还有电视机厂？''自己人生产的电视机长啥样？'……

"当时，看着这些网友的好奇和疑问，我挺唏嘘的。我们老同事还经常分享那时候的老照片，翻阅着一张张老照片，当年常州电视机厂的辉煌仿佛近在眼前……"

聚会、建群，当年电视机厂的老同事通过不同的方式又聚在了一起

"开心团聚，往事说不完"，原常州电视机厂的老同事聚会，我们都非常激动和高兴。

除了聚会，还有一些老员工建起了微信群。其中一个微信群叫"幸福之家"，有群友近百人，之所以叫这个名字，是因为常州电视机厂以前生产的电视机是"幸福牌"；还有一个原因：我们这些老员工就像一个大家庭，幸福的大家庭。

那时，最幸福的事，莫过于家里有台“幸福牌”电视机

在常州，很多家庭买的第一台电视机就是“幸福牌”。20世纪80年代初，很多人都要通过关系在常州电视机厂买一台17英寸的“幸福牌”黑白电视机。电视机买回家，父母对它像对宝贝一样，不许人乱碰。

参加工作前，我印象最深的是到社区看电视。20世纪70年代末，我和家人住在局前街附近，生活的社区就有一台电视机。电视机是9寸黑白的，只有几个台，但我们仍看得津津有味。一到晚上，电视机旁围满了看电视的人，这种场景也成了一道特殊的风景线。

凤凰、永生、常州、幸福、熊猫，这些名字都和常州产的电视机有关

在运河五号的档案博览中心，20世纪80年代初的一张泛黄老照片曾引起大家的关注。照片上有两个商标和名字：“XF”组合商标的下方印有行书“幸福”两个字；另外一张的艺术体英文字母“Y”下方印有“永生牌”三个字。

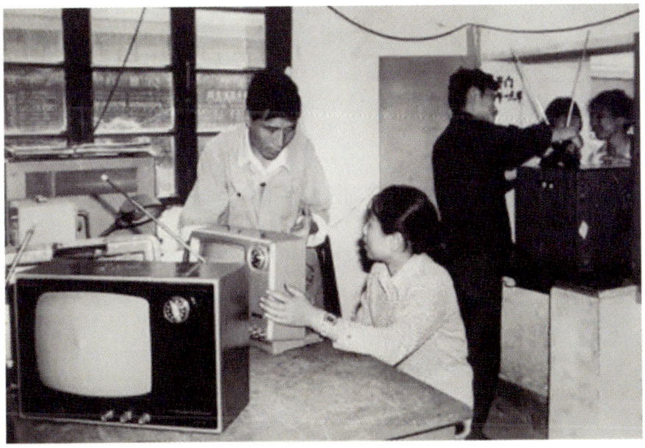

丨很多常州人家里买的第一台电视机，就是常州生产的“幸福牌”电视机

这两个商标代表两种电视机——“幸福”是家用电视机，“永生”是工业用途的电视机。

作为工业用途的电视机，“永生”这个品牌一直到停产都没有变化过，但家用的“幸福牌”电视机却经过两次大的变化。老员工周泽平介绍，在“幸

福”之前，电视机还曾用过“凤凰”这个牌子，以及短暂的“常州”牌子。20 世纪 80 年代中期，常州电视机厂和南京合作，开始停用“幸福”品牌，改贴“熊猫”品牌。

1983 年，我被派到北京参与“凤凰”商标的注册。但是，在注册“凤凰”商标时，我被告知该品牌已被河北唐山的一家电子公司注册。

面对突发情况，我立即打电话给厂里负责人。和领导沟通后，电视机改名的任务就落在了我头上。当时，北京大街上呼啸而过的摩托车给了我灵感——有一种很火的摩托车就叫“幸福牌”，咱常州电视机干脆就叫“幸福牌”吧，而且这个名字挺吉利。

幸运的是，向国家工商总局有关部门提交“幸福”商标时，一下就通过了。

常州是生产电视机最早的城市之一，央视相关纪录片曾在这里拍摄

20 世纪 70 年代末 80 年代初，除了常州“幸福牌”电视机，还有苏州的“孔雀牌”电视机、无锡的“红梅牌”电视机、上海的“金星牌”电视机、南京的“熊猫牌”电视机。苏州、无锡等地是在常州生产电视机后才开始生产的。

当时，全国曾组建电视机机芯联合设计小组，在上海、苏州、无锡、常州几个厂中，常州电视机厂由于资格比较老，被任命为组长厂。

此外，中央电视台拍纪录片，也选了常州电视机厂作为主要拍摄地。

到了 20 世纪 80 年代，常州电视机厂开始有了“三多”之称——复员军人多、干部子女多、技术人员多，不少人托关系挤破头要进厂工作。

20 世纪 80 年代，常州产的电视机不愁销路。要排队凭票购买，而且经常要托关系才能买到。我曾做过 6 年的销售，那段时间是我最风光的时候。我出差要带样品，每次拿着电视住酒店时，就会被服务员围观，向我说好话，不是要买电视，就是要看电视。

企业辉煌不再，但员工们仍以那段经历为荣

运河五号档案博览中心存档着常州电视机厂曾经获得过的各种荣誉：江苏省电子工业质量管理奖、江苏省 17 英寸机评比第一名、江苏省青年科技成果博览会银奖……

1998 年，常州电视机厂停止生产。关于衰败原因，有人说和放弃品牌做贴牌有关，也有人说和产品结构调整有关……

一位曾在电视机厂工作过 30 多年的老员工在“幸福之家”群里写过这样一句话，引起不少同事的共鸣：“成功失败，我们都埋在心底；我们因共同工作、战斗而结下的情谊会被永远记住。”他们说，尽管电视机厂辉煌不再，但仍以那段经历为荣。

（记录、整理：吕洪涛）

数百年历史的常州梳篦如何实现蝶变

□ 讲述人：金松群
金松群，常州梳篦厂有限公司老厂长

"'梳篦世家延陵地'，常州梳篦素有'宫梳名篦'的美称，入选了国家级非物质文化遗产名录。常州梳篦厂注册的'白象'商标，还被商务部认定为'中华老字号'。但是，辉煌难掩尴尬。新中国成立初期，常州城区人口30余万，但梳篦从业者多达上万人。如今，随着时代发展，传统梳篦的市场份额和从业者越来越少。如何寻求蝶变，是常州梳篦人正在思考的事情。"

"宫梳名篦"始于光绪年间

时间过得真快！一转眼，我都已经80岁了。回首这么多年，可以说，我和梳篦打了一辈子交道。我从20岁开始做梳篦，一直干到前两年退休。即使退休了，作为常州梳篦厂有限公司的老厂长，我仍

80岁的金松群和梳篦打了一辈子交道

| 年轻时的金松群

经常回去看看梳篦的生产情况。

可能不少年轻人不知道梳篦的历史了。那么，我先介绍介绍常州梳篦的历史吧。常州梳篦历史悠久，自魏晋南北朝流行至今已有 1600 多年的历史。

清乾隆年间的《常州赋》写道："削竹成篦，朝京门内比户皆为。"《光绪武进阳湖县志》中也有"梳以黄杨为上者佳，篦齿精熟，城西男妇多业此者"的记载，可见当时常州西门和南门一带，梳篦生产者非常多。城内有篦箕巷、木梳路，均以梳篦集散地而得名，可见当时常州梳篦的盛况。

资料记载，光绪年间，苏州织造府每年来常州定制 60 把黄杨梳、60 把象牙梁篦箕进贡宫廷，作为御品，常州梳篦自此被称为"宫梳名篦"。由此，"扬州胭脂苏州花，常州梳篦第一家"便成为常州梳篦的真实写照。

新中国成立初期，常州梳篦行业仍很兴盛。篦箕巷、南大街上聚集着一批梳篦百年老店，除了耳熟能详的真老卜恒顺，王大昌、汪一大、岳元昌等老店在当时也非常有名气。

新中国成立初期，常州城内有 30 余万人口，光是从事梳篦生产和销售的就有上万人。那时候，老西门一带是做篦子的，老南门是做梳子的，梳篦成为当时常州人的重要经济来源。

这个老品牌梳篦在国际上多次获奖

在勤业桥下的常州梳篦厂有限公司是常州目前最大的梳篦生产基地，这里至今还保留着手工制作梳篦的传统。旗下的老店"真老卜恒顺店"始创于明朝

“白象牌”梳篦获得美国旧金山巴拿马太平洋万国博览会银奖

天启年间，该店至今仍坐落在篦箕巷古运河旁，店内销售的“白象牌”梳篦成为其金字招牌。

“白象”这个品牌已有百年的历史。早些年，我们还曾在20世纪20年代的上海《申报》上看到过“白象牌”梳篦的广告。

“白象牌”梳篦在历史上有两个高光时刻。一个是在1915年，“白象牌”梳篦获得美国旧金山巴拿马太平洋万国博览会银奖；再一个就是1926年，在纪念美国独立150周年费城国际博览会上夺得金奖，以“中华梳篦之宗”扬名。

常州梳篦厂有限公司的梳篦制作采用传统手工，工艺考究复杂，制梳工序有28道，制篦工序有73道，是国内唯一拥有全套传统手工梳篦制作工艺的企业。

我们采用的材质也比较特殊，制作木梳、篦箕大多使用黄杨木、檀木、毛竹、牛骨等优质天然材料。由于选材优良，精工细作，2011年，常州梳篦厂有限公司所持有的“白象”注册商标，被商务部认定为“中华老字号”。后来，公司还建成了中国首座梳篦博物馆，珍藏历代梳篦珍品，演示手工精作工艺。

常州梳篦曾是重要的创汇产品

和常州梳篦打了一辈子交道，我见证了常州梳篦的发展变迁。

20世纪50年代初，常州市面上大大小小的梳篦店开始合并，成立了常州梳篦生产合作社。在此基础上，1970年，通过并撤，成立了常州梳篦厂。于是，在梳篦圈有了梳篦店"变身"梳篦厂的说法。

常州梳篦厂生产车间

那时候，梳篦行业盛兴。一直到20世纪八九十年代，常州梳篦都是重要的创汇产品。在相当长的一段时期内，常州梳篦大量出口到东南亚等地区，每年赚取四五十万美元的外汇。

计划经济年代，为了保证常州梳篦的生产，国家有关部门每年拨给常州制作篦子所用的毛竹18万只、制作梳子所用的材料300多立方米。

改革开放后，市场经济迅速发展。为了适应市场发展，我市在20世纪80年代中期筹备成立中国常州梳篦公司，我担任厂长。

20世纪50年代到80年代，常州梳篦行业是非常吃香的，不少人托关系也要到这里来工作。20世纪80年代，常州梳篦产量达到最高峰——常州梳篦厂一年最多能生产2000万只篦子、300多万只梳子。

实用功能弱化，常州梳篦正在寻求蝶变

随着时代发展，20世纪90年代，人民的生活水平和卫生条件有了很大提升，用篦子篦头上虱子的情况越来越少。由此，篦子的使用率大大降低，梳篦的产量也越来越低，梳子一年的产量不到百万只，篦子基本不怎么生产了。公司一度亏损，乃至资不抵债。

| 常州梳篦厂有限公司生产的梳子

2002 年，企业改制，成立常州梳篦厂有限公司，并通过改革推动发展，逐步扭亏为盈。2014 年，常州梳篦厂有限公司被收购，我开始退居二线，"80 后"贾玮开始掌舵公司发展。

近年来，各种时尚俏丽的功能梳篦兴盛，传统梳篦的处境更加艰难。

市场小众，企业发展步履维艰。即使这样，公司产品仍坚持手工制作，以保持特色、确保品质。年轻人贾玮这几年瞄准了互联网，她曾和我讲过，"互联网 +"时代，"中华老字号"要发展，不仅要坚守传统，也要不断创新。

| 市场竞争激烈，但常州梳篦厂有限公司仍坚持手工制作

在线下，为推动梳篦文化的传承与发展，常州梳篦厂有限公司通过非遗传承进课堂、亲子互动、DIY 体验、研学旅游等多种方式，让年轻人和孩子们对"宫梳名篦"增进了解，培养他们的兴趣。

线上，常州梳篦厂有限公司在淘宝、抖音等互联网渠道，通过网红带货，打造爆款产品。

看到企业在新形势下努力发展，我很

欣慰，但我对一件事情仍忧心忡忡，那就是传承。我数了数，现在常州制作梳篦的艺人仅剩几十人，和以前完全没法比了。

以前，还经常有人慕名前来学习制作梳篦。如今，已有10多年没见过这种情况了。发展梳篦产业，一定要让年轻人喜爱，进而学习和传承，才能把梳篦文化真正发扬光大。

（记录、整理：吕洪涛）

新世纪商城这样一步步走来

□ 讲述人：徐顺职

徐顺职，原新世纪商城办公室主任

"在许多常州人的记忆中，新世纪商城曾是洋气、时尚的代名词。但是很多人并不知道，常州新世纪商城从早期沿革至今已有 70 多年历史，还是一家地道正宗的'中华老字号'。"

商场门口通宵排队的情景，历历在目

虽然住得远，但每周我都会到新世纪商城转一转、逛一逛。说起我们年轻时常州人喜欢去购物的地方，很多人都会毫不犹豫地首选新世纪商城。

别看我 70 岁了，至今仍对那时候的新世纪商城记忆犹新。一进门就是皮鞋柜，十分时髦。每到星期天，这里就人山人海。里面的小商品让人眼花缭乱：葵扇、草帽、阳伞、篮球鞋、照相机、皮夹克、打火机、棉毛衫、棉毛裤……样样都有，而且都是最新款。

那时的新世纪商城跟大上海的商场一个风格，立体招牌、霓虹灯，老远就能看到，整幅的大玻璃橱窗，橱窗内还有三十六行人物肖像，由电力带动旋转，配合商品出样，在当时的常州商界引起了不小的轰动。

那时候，商品紧俏，经常看到有人在商场门口通宵排队，跟现在买限量版球鞋有一拼。

时代飞速发展，常州的商业综合体越来越多，但在我眼中，新世纪商城一直是洋气的代名词。这里有常州城最新潮的商品，现在，我的孩子们也经常到这里买衣服和化妆品。

新世纪商城成为几代常州人心中洋气的代名词

陈源生和他集资开办的南洋百货商场

我早年曾下放农村，1979 年回城后在百货公司工作，后来当了新世纪商城的办公室主任，可以说对新世纪商城的历史如数家珍。

说到新世纪商城的历史，不能不提一个人，他叫陈源生。常州新世纪商城有限公司由常州市百货公司改制而来，其前身可追溯到陈源生 1944 年创办的当时常州最大的商场——南洋百货商场。

史料记载，陈源生 16 岁起就负责主持家中的小杂货店，以长者为师，努力学习经商门道，渐渐将业务做大。1937 年八一三事变后，陈源生目睹战火临近，便卖光存货，携资避难。由于各城门口都有日军岗哨守卫，很多老百姓不敢进城。于是，常州老西门怀德桥附近，逐渐形成常州新的商业中心。

当时的常州商界将怀德桥附近的工信、惠商两大粮库敖仓辟作商场。陈源生在公信商场内租屋开设了协康源百货号，专营小商品批发零售。

他经营品种根据市场需要，灵活多变：年初岁末主营玩具；春秋学校开学前后，以文具为主；春季农村集市，主要向小货郎、船帮货郎供应小针织品、小五金、小化妆品、小百货杂货；夏初转入葵扇、草帽、夏令针织品、化妆品；入冬则以棉织品、呢帽、防寒用品为主。

陈源生做生意靠的是薄利多销、勤进快销，业务很快就从常州城内发展到金坛、溧阳、赣北、皖南。

1944 年春，南大街青云坊对面一家商店歇业，陈源生随即接收了该商店，并招纳股东 29 人，集资开办了南洋百货商场。

新世纪商城，挂牌成立于新的世纪

新中国成立后，南洋百货商场几经沿革。第一个时间节点是 1950 年。为顺应国家公私合营的号召，常州市在南洋百货商场的基础上成立了中国百货公司常州支公司。

两年后，支公司改组为中国百货公司常州市公司，后来改为常州市百货公司，下辖一百、二百等十几家分店。此后，公司成立二级批发站，实行批零监管体制。20 世纪六七十年代，公司经历了多次批零分并。1973 年 1 月，常州市百货公司更名为江苏省常州百货公司。

改革开放后，公司增挂江苏省百货公司常州百货供应站牌子。20 世纪 80 年代初，随着市县体制的改革，公司又增挂了江苏省百货公司常州分公司牌子，三块牌子一套机构。

1984 年，按照相关规定，江苏省常州百货公司将几十家零售企业划出，单独成立了常州市百货公司。该公司具有行政管理职能，曾一度承担计划经济体制下常州市商品供应和流通的主要管理职责，对当时的社会商品供给起到了举足轻重的作用。

20世纪90年代，百货公司员工向全市人民问好

随着计划经济向市场经济转型，1986 年 4 月 5 日，百货公司与纺织品零售公司合并，筹建营业大楼（即当时的常州市 5 号楼），下辖的各营业商店也陆续脱钩，公司完成了从行政管理者到市场参与者的角色转变，成为独立的营业实体。营业大楼于 1989 年 1 月对外营业。

20世纪90年代，新世纪商城组织活动，吸引大量市民围观

20 世纪 90 年代初，公司开始筹建常州新世纪商城，商城于 1996 年 12 月 30 日正式营业。2001 年 2 月 28 日，常州市百货公司改制成常州新世纪商城有限公司，正式挂牌成立。自此，新世纪商城有限公司步入一个全新的发展的黄金时代。

“常百”老字号，走进新时代

经过多年的发展，地处常州市中心黄金地段——南大街商业圈的新世纪商城有限公司成为常州大型民营百货零售企业之一。

在我看来，新世纪商城获得过诸多荣誉，但有两项荣誉是它最为看重的——2011 年，公司注册商标“常百”被中华人民共和国商务部认定为“中华老字号”；同年被常州市商务局确定为常州市第一批“老字号”。

我认为，公司之所以能获得这两项荣誉，除了拥有较长的历史外，还与高水平的服务及锐意进取的精神有关。这些年来，在新世纪商城“真心、诚心、贴心、热心、放心”的“五心级”服务理念下，涌现出了一大批先进集体和以全国五一劳动奖章获得者许亚萍同志为首的岗位创新服务能手。

20世纪90年代，新世纪商城组织摄影比赛

新世纪商城一直秉承引领都市时尚、促进商贸繁荣的宗旨，加快改革和发展，在一定程度上来说已经成为常州城市的橱窗和名片。特别是近20年来，商城抢抓机遇，有了脱胎换骨般的变化。

公司于2004年10月和2005年7月分别启动建店以来最大规模的两次调整改造工程，按照都市型时尚百货的标准对A、B两座大楼进行了彻底的变革与翻新。改造后的A、B楼，营造出高雅尊荣、时尚大气的购物环境。

2007年9月，新世纪商城被江苏普灵仕集团收购，从此新世纪商城的发展进入新时期。如今，新世纪商城已经从一家单体百货店转为多元化、多功能、多业态的购物广场。

（记录、整理：吕洪涛）

常州芝麻糖，最难忘的那一口酥甜回忆

□ 讲述人：吴志强

吴志强，康王芝麻糖的第五代传承人

“冬季是制作芝麻糖最忙碌的季节。芝麻糖是常州老牌特产，20 世纪 80 年代，在常州生产芝麻糖的商家多达几十家。随着时代的发展，人民生活水平的提高，以及零食糖果品种的增加，常州生产芝麻糖的商家越来越少。目前，仍在生产芝麻糖的商家只剩下三四家。”

传说：岳家军吃过常州芝麻糖

常州居长江之南、太湖之滨，是一座有着 3000 年历史的文化名城，北亚热带季风性的湿润气候，十分适合大米、小麦、芝麻等农作物的生长。美丽富饶的地理环境，勤劳智慧的人文传统，使这里孕育出一种区别于其他地方、极富乡土文化特色的营养休闲食品——常州芝麻糖。

常州芝麻糖选用优质芝麻、大麦、大米制成麦芽糖，再经熬煮、拉白、包馅、上麻、成型等工艺，共历 23 道工序制作完成，这种独特的制作技艺的发展和演变，可追溯到唐代。《常州市志》载，早在汉代，常州就有用饴糖熬制成固体糖祭灶的习俗；到了唐代，已经有在饴糖中加入植物果仁来制作麻团糖等品种，并逐步形成具有常州特色的南式麻糖系列。在这大约 400 年的时间中，

吴志强（左）在制作芝麻糖

圆形的芝麻糖是农闲时民间家庭制作的一种休闲小食品。

常州的芝麻糖历史悠久，至今，民间还流传着和芝麻糖有关的传说。我今年 43 岁了，是康王芝麻糖的第五代传承人，从事芝麻糖生产制作 20 多年，我对常州芝麻糖的历史非常了解。

《宋史》记载，建炎二年（1128）二月，康王赵构由扬州至杭州，过常州整备，同年五月再返常州。

听老一辈人讲，常州百姓知道康王经过常州后，曾制作麻糖赠予康王及兵士。后来，金兵犯常州，百姓再以芝麻糖赠给岳飞及军士，岳家军四战四捷。由于常州芝麻糖和康王赵构的这段传说，我的祖上才创立了“康王芝麻糖”，后被列入“常州老字号”，其制作技艺成为常州首批非物质文化遗产。

回忆：卖货郎挑着担子，沿街叫卖芝麻糖

我们吴家是从清代光绪年间开始做芝麻糖的，第一代做芝麻糖的吴家先人是吴谓春，他制作的芝麻糖因香甜酥脆不粘牙深受常州百姓的喜爱。吴家保存的资料记载，当时，他制作好芝麻糖后，就背负铁皮箱、手托糖匾，辗转篦箕巷运河码头。

吴家第二代传承人叫吴林海，他凭着父辈积蓄，在常州市郊区西林自建了几间工坊，将熬糖炉改进为双锅双缸连体熬糖灶，并以特殊工艺将芝麻脱皮，加花生和干橘皮粉调馅，使芝麻糖口味更佳，产销大增。

从这一代开始，每年常州各乡镇节场，我们家的芝麻糖出摊必火，队排

长龙，供不应求。

曾经：常州芝麻糖，凭票才供应

1944 年，吴家第三代传承人吴仁根接替祖传家业，并先后在金坛、溧阳、句容等地建立生产糖坊。

1960 年，全国实行计划经济，吴仁根被国营常州市前进冷饮厂聘任芝麻糖生产大师傅，芝麻糖仅供常州城镇居民凭票供应，每年人均分配 150 克。

1978 年改革开放后，吴仁根放弃国企的工作，重回西林乡吴家村成立“康王芝麻糖”制作糖坊，吴仁根主管生产，三个儿子吴德方、吴国方、吴友方负责采购和销售，生产销售覆盖常州、无锡、苏州、上海、南京等各大城市。

1989 年，吴家第四代传承人吴德方和吴焕春合伙成立常州市郊区西林制糖厂，这一时期，常州制作芝麻糖的商家越来越多，但仍以作坊式生产居多。

改革开放初期，跟着我爷爷一起做芝麻糖的有好几个人，后来他们都成立了自己的芝麻糖作坊。尤其在我们村，受我父亲的影响，全村总共才六七十户村民，生产芝麻糖的作坊就有六七家。

丨麻糖制作工艺已经得到改进，但手工制糖仍是不可或缺的一环

我的父亲吴德方今年 70 多岁了，他回忆，20 世纪 80 年代，整个常州有三四十家做芝麻糖的商户。其中，一大部分是受他父亲吴仁根的影响，有的是一起做过的同事，有的

是他的学徒。

悖论：物质越丰富，买芝麻糖的人越少

1999年，我父亲吴德方注册"康王"商标，芝麻糖、浇切片、花生糖等糖果类产品相继推出，它们出现在常州火车站、汽车站、飞机场、副食品公司等场合，成为老牌常州特产。2000年，常州市郊区西林制糖厂因合伙投资方撤资，父亲另成立了常州市西林康王食品厂。

2005年，父亲退休，我继承了父亲的事业。我刚接班时，主管部门加强对食品生产的监管，食品生产需领取生产许可证。得知消息后，我在第一时间领取了生产许可证。由此，我们公司成为常州首个领取生产许可证的芝麻糖厂家。食品生产许可证对厂房等有一定要求。所以，在这一时期，很多芝麻糖的家庭作坊无法领证，停业不做了。

新中国成立后，常州市前进冷饮厂一度是常州生产糖果和冷饮的主要厂家，但后来，由于生产方向调整等原因，该厂停掉了糖果生产，主攻冷饮产品。

以前，我所在的吴家村是远近闻名的芝麻糖生产村。但后来，由于运河改道，全村整体搬迁。之后，村上的芝麻糖生产作坊都停止了生产，村民也改做其他行业了。

由此，常州的芝麻糖生产者越来越少。目前，全常州也只剩下了三四家。这几家大多做贴牌生产，没有形成自己的品牌，所以发展得较为缓慢。

像牛塘做芝麻糖的孙国忠，他已经一年多没有生产了。他告诉我，现在的零食太丰富了，光是糖果就有千百种。买芝麻糖的人越来越少，效益越来越差。

困惑：传统行业的传人在哪里？

今年60岁的梁志文在20岁时就来到我们吴家做芝麻糖，从年轻人熬到

了老年人，还坚守在岗位上。“年轻人不愿意干这一行，我连‘下岗’的机会都没有。”老梁感叹道。

我们吴家制糖师傅一共五六个人，但 4 位大师傅都是 60 岁以上的老人，2 位年轻一点的也已经 40 多岁了。

如今，制作芝麻糖的师傅大多是上了年纪的老人

几年前，公司曾多次招聘年轻人，但没有一个干得长久的。年轻人刚进公司时工资都有四五千元，在西林也不算低了。他们离开，都是因为对这个行业不感兴趣。

近年来，公司研发技艺、拓展销售，我们的产品频繁在全国各大农展会和常州名优产品万里行展示亮相，陆续占领江苏、浙江、上海等地市场。所以这几年，员工的待遇也在不断提高。秋冬制糖旺季，几个制糖师傅的月薪为 7500 元。淡季时，产品生产量每天减少一半，工作时间大幅度减少，但制糖师傅的待遇也只有轻微下调。

即使这样，我们也吸引不来年轻人。我曾考虑过接班人问题，但上大学的儿子也无意涉足这个行业。

现在，我最大的希望是年轻人多关注一下我们这个老行当，把这个传统技艺一代代传承下去。

（记录、整理：吕洪涛）

家政服务带着全新的理念悄然走进寻常百姓家

□ 讲述人：王枝秀

王枝秀，常州枝秀家政服务有限公司、江苏枝秀老龄产业发展有限公司董事长，常州市家庭服务业协会秘书长

"家政行业与人们的日常生活密切相关。以往，拿着一块抹布、一只桶就可以做家政服务，如今已经不适应现代家庭的需要了。随着人们生活品质的提升和社会分工的细化，家政服务带着全新的理念和日益丰富的内涵，悄然走进越来越多寻常百姓家中。"

20世纪90年代，家政行业兴起，那时候流行"一块抹布走天下"

虽然我们国家很早就有保姆的概念，但家政行业的真正兴起还是在 20 世纪 90 年代。在很多家政圈人士看来，保洁和搬家业务就是早期的家政服务项目。当时，能请得起家政服务的只有少数家庭，经济条件都很好。全常州从事家政的人也特别少，家政公司的数量掰着手指头也能数出来。从业者大都来自农村，普遍学历不高，年龄较大。

那时候，他们不是固定员工。做保洁也很简单，只要拿一块抹布和一只水桶就可以上岗了。听老员工说，那时候每天工作七八个小时，但每月工资只有 30 元。

2000 年左右，常州的家政公司开始增多。不少保洁阿姨变成了正式工，月工资也逐年增加到现在的五六千元。

进入新千年后，国内经济快速发展，人民生活水平大幅度提高。紧张忙碌的同时，越来越多的人开始雇人打理家务事。那时候，照顾孩子的保姆已经开始“走俏”了，但数量还不多。同一时期，徐步雪开始创办常州最早的月子会所——金蓓蕾月子会所，月嫂开始在家政市场兴起。最多时，徐步雪公司的月嫂数量达到350人。一开始，找月嫂的大多是企业老板。之后，公司白领等群体找月嫂的慢慢多起来。现在，找月嫂已经非常普遍。而且月嫂也有了更专业的称呼，叫育婴师。

王枝秀是常州家政行业的带头人

同时，家政市场开始向标准化和细分化方向发展。与此同时，市场上老人护理服务越来越流行。

以前，家政人员做保洁只需一块抹布、一只水桶就行了，我们公司成立时，这一现象就已经转变了。很多家政人员都开始携带工具包，里面有各种各样的工具。

跳出舒适圈，找寻“舒适生活”

新千年后，新的家政公司开始大量涌现。2006年，我在常州创办以“枝秀”为品牌的家政公司。我是白手起家做家政这一行业的，现在我们公司拥有1200多名员工。

1974年，我出生于扬州的一个普通家庭，温馨的家庭氛围，让我感悟出了“于每一个寻常之处中享受生活”的人生哲学。

王枝秀介绍公司发展情况

三个姐姐都嫁到了常州，而我则“远嫁”到了浙江台州，和丈夫一起接手家族生意，全身心投入公司的管理工作。作为一家与食品相关的企业，我在厂区环境卫生工作上一直是最严格的质量把关员。正是对细节的无限追求，让我在家庭生活中也格外注重干净整洁：洗完澡必须用刮板清理卫生间，吹完头发必须收拾掉落的发丝，定期擦净镜子上的水渍……我坚信：不敷衍生活，生活才会治愈我们。

为什么不尝试自己做一番事业？经过深思熟虑，2006 年，我做了一个重要的决定：走出舒适圈，前往常州找寻自己的“舒适生活”。

从心出发，一个人就像一支队伍

本着对品质生活的追求以及自身对生活环境卫生的要求，我觉得自己可以进入家政行业。而 2006 年的常州，家政服务只会在个别高档小区出现，自己只有一个人，想要形成产业，该从何处下手？

得先了解了解常州市场再说！敢想敢做，说干就干。那一年，33 岁的我仿佛回到了学生年代，拎了一个小包，租了一间小屋，买了一辆不到 50 元的二手自行车，从新北区到武进区，沿着晋陵路到大学城，带着一腔热血，摸清了常州城的各大小区、菜场和超市，自制了一份常州居民小区生活习性和家政质量分析报告，谋划着心中那片全新的蓝海。考虑到上门推销家政成功率极低，我想到与常州本土几家龙头物业公司合作。

一天，我在带着项目书寻求合作时，对方负责人提出，自家物业公司一楼的卫生间长年有异味，要想合作，第一步就得先帮他们消除异味。在查看完卫生间环境、了解异味来源之后，我提交了处理方案。当天下午，我就穿上工作服、拿上工具，在卫生间清洗了瓷砖、更换了软管、擦洗了小便池。

对方负责人不但认可了卫生间的异味消除了，还对我的亲力亲为表示钦佩。当晚 11 点，我便接到了合作电话。那以后，我拿下了天安花园、怀德苑、荷花池等老一批常州高档小区里的保洁业务。

几年后，我成立了常州枝秀家政服务有限公司。经过 15 年的努力坚守、不断突破，枝秀家政的服务区域从常州市扩展至江苏省内 6 个城市，服务内容也从单一的家政服务发展到家庭服务、居家养老、健康管理、长期护理、身体评估等 81 项。

我始终认为家政企业的核心资产是服务人员。在枝秀家政，无论是一线员工还是总经理，大家都至少掌握一门手艺。

每一个尽心竭力的梦想都不会被时代辜负，我的家政服务工作在常州大地生根发芽，枝繁叶茂。枝秀家政也先后获得“全国家庭服务业百强企业”“全省家庭服务业百强”“江苏省家庭服务业职业教育培训示范基地”“江苏省家庭服务业协会优秀会员”等称号，在全省乃至全国打响了品牌。

最近10年来，家政服务更加注重细节和个性化服务

2008 年，常州家政市场出现了一件比较轰动的事情：枝秀家政在机械新村专门针对老人开设了助浴服务。当时社会上议论纷纷，一些媒体也进行了报道。

我们在为老人提供护理和康复服务时，发现不少老人身上有异味。因为身体不好，无人照顾，他们长久不能洗澡，而且，一些浴室也不是特别欢迎

王枝秀仍亲力亲为，经常出现在家政工作一线

老人。于是，我们决定增加老人助浴项目。为避免麻烦，每次都要安排两名以上的工作人员在场。这样的贴心服务一上市就受到老人的欢迎。后来，我们把服务扩大到原河海街道几个小区。

我至今记得，一位原河海街道的老人由于无自理能力，大小便无法及时处理，身上臭烘烘的。于是，枝秀家政派出专人为其提供助浴服务。

2017 年 12 月 2 日，枝秀家政收到了一位长者送来的感谢信。感谢信很简短，但是"枝秀人"的心中暖暖的。信中这么说道："非常感谢社区领导和心馨家园服务队工作人员对我长期以来的照顾，他们每次都能按时用专车接送我到浴室洗澡洗头。"

除了助浴服务，家政市场上还出现了送餐、理发、指甲修剪、挖耳等服务。像我们公司，现在家政服务项目已经细分到了上百项。除了项目的增加，家政服务也开始向更加规范化、细节化的方向发展。

现在，一些大型家政公司的员工，上岗时都要经过严格的培训。为了能够很好地和常州家庭沟通，枝秀家政等一些企业还专门开设了简单的常州话培训，上岗前，家政服务人员必须先过语言关。

近年来，随着互联网的发展，家政服务也开始向"互联网 +"方向发展，很多公司都搭建了预约和服务平台。有些有条件的客户需要康复护理，护理人员通过视频指导就可以轻松完成。互联网让家政服务更加方便快捷，大大提高了工作效率。

从业者中高学历的年轻人增多，男性也越来越常见

以前，从事家政人员这类职业的都是女性，但现在已有男性加入这一行业。在枝秀家政，一线男性员工已经占到30%。而且，“80后”和“90后”的身影逐渐增多。

吴旭含是一名“95后”大学毕业生，已经在枝秀家政做了三年的家政服务。几年间，她做过家庭保洁，现在主要从事老人护理工作。这个行业是朝阳行业，很多新业务对我们来说很有优势。

她说，随着人们生活水平的提高，以及对高品质生活的需求，客户对家政人员的要求越来越高。比如，她在做居家保洁时，就经常有一些高端客户提出根据衣服颜色等特征进行收纳整理的要求，从而做到整洁美观。

目前，我市家政类服务机构已经超过200家，从业者达2万人。其中，“80后”和“90后”已经占到家政从业人员的30%，而且不少拥有高学历。未来，年轻人会更多，我们行业的发展也将更加健康。

身份叠加，带动姐妹做好家庭服务

2013年，在常州妇联、民政、人社等部门的关心下，我成立了家庭服务业协会，并担任第一任会长，换届后现担任秘书长。在一批有影响力的知名企业的带动之下，协会制定了服务项目的行业标准，共同促进家庭服务业健康发展、转型升级。同时，我希望家庭服务业能有更多的个性化定制服务，让生活更具仪式感。与人相关的内容，可以说都是家庭服务业的范围，我想做的就是与同行们一起，不断尝试新的服务方式，在有限的条件下，找寻更好的生活方式。

随后，我又多了一个新的身份——常州市家庭服务业协会妇联主席。我希望充分带动大家的积极性，让家庭服务行业里的每个女性，都能有人生出

彩和梦想成真的机会。

根据习近平总书记的指示精神，我们应"积极应对人口老龄化，构建养老、孝老、敬老政策体系和社会环境，推进医养结合，加快老龄事业和产业发展"。

作为"全国家庭服务业百 强企业""江苏省家庭服务业十大经典案例""优秀养老社会企业""敬老文明号"，枝秀家政将进一步开拓新型的为老服务模式，树立更为先进的服务理念，使"老有所养、老有所依、老有所乐、老有所医、老有所为、老有所学"等"六有"真正落到实处。

（记录、整理：吕洪涛）

最早的外来务工者

□ 讲述人：陈军

陈军，常州博泰精密模具有限公司总经理

"20世纪70年代末80年代初，常州出现首批私营企业。私营企业的发展离不开劳动力的支持，从最开始的用工限制，到后来的劳动力市场，再到现在的互联网招聘，常州劳动力市场一直在发展壮大，而早期来常打工者，成为我市劳动力市场发展的见证者……"

那时候，农村劳动力进城，必须经过有关部门的严格审批

1983年国庆节刚过，18岁的我刚从高中毕业，就从泰兴农村老家来到常州。这次来常州和以往不同，这次我是为了工作而来的。

一路上，我内心既高兴，又有些忐忑。高兴的是，在那个时代的农村，高中毕业考不上大学，大部分人的第一选择仍是做面朝黄土背朝天的农民，而我选择进城务工，将有机会改变自己的命运。忐忑的是，那时候外出务工的人极少，不知道前面等待自己的是什么。而且，在那个国营企业和集体企业占主导地位的时代，我去的这家企业是一家做模具的私营企业。

在那个时代，人们都想去国营企业和集体企业，一旦跨进这些企业，就意味着可以端上铁饭碗，衣食无忧了。自己来自农村，想进国营企业和集体

企业根本没有机会，所以，我在父亲的安排下，来到常州这家私营企业。

在此之前，我本想早点来到这家模具企业工作。但是，因为政策上对企业工人有人数上的限制，所以我在等到有工人离开后，才等到机会。后来，我才知道，当时工商部门有政策规定，私营企业的用工最多不能超过 7 个人。

那时候，还没有打工这一说法。一开始，我们以学徒的形式进去，第二年后，我们才领到工资。我领到的第一个月工资是 30 元，这个水平比大多数国营企业和集体企业要高出十几块钱，这使我有了在私营企业干活也挺好的想法。

20世纪80年代中期，政策放宽，农村进城务工人数增多，但仍属于少数

从 1983 年到 2006 年，我一直待在那家私营模具企业工作。20 多年里，数百人从我身边来了又走。

企业人数忽然增多是 20 世纪 80 年代中期的事情。当时，同事一下子从 7 个人增加到了十几个人。我从企业负责人那里得知，那时政策上开始放宽企业用工的限制。

到 1990 年左右，同事已经增加到二三十人。前两年，我建立了一个微信群，里面都是 1990 年以前的同事，数量为 23 人。除了有几个人联系不到，其他人都在这里了。

我们是最早一批来常州的打工者，大家都来自江苏，有的来自金坛，有的来自江阴，有的来自泰州，最远的来自苏北。那时候，私营企业数量太少，而国营企业和集体企业进人又不容易，所以外省的人很难进来。

一直以来，我对打工历史非常关注。我曾翻阅当时常州市劳动局主编的《常州劳动志》。上面介绍，20 世纪 80 年代中期，我市市区个体工商户已经由 1981 年的 1125 户增加到 2976 户，就业人数从 1192 人增加到 4140

人。1990年，市区个体劳动者12343人，比1985年增长近3倍。增加的人中，一部分来自农村。

其实，除了私营企业，一些国营和集体企业也开始在20世纪80年代使用一些农村劳动力。

1982年，我市正式成立常州市劳动服务公司，对劳动力的招收和就业进行管理。资料显示，当时农村来城里务工的人很少，主要集中在建筑、搬运、运输等极少数行业。

当时，如果建筑单位需要用人，就通过劳务公司联系，然后劳动部门再通知区、乡镇的劳动服务公司，他们再寻找工人，确定后，双方签订劳动合同。

我还帮老乡问过如何到城里做建筑工人。我记得，当时对农村来城务工人员的管理很严格，而且，每年都要重新进行一次申请和审批。但随着改革开放的进行，以及城市的迅速发展，农村进城做建筑工、

| 常州市劳动部门宣传《劳动法》

| 常州市劳务市场成立暨劳动力交流会开幕典礼

| 陈军（左一）是改革开放后早期农村进城务工人员

搬运工、运输工的开始逐渐增加，但仍属于少数。

20世纪80年代末，我市成立劳务市场，并组织了首场招聘会

《常州劳动志》显示，20世纪80年代中后期，随着企业改革的不断深化，尤其是用工制度改革和《企业法》颁布以后，劳动力管理转轨势在必行。

1988年6月5日，我市在江苏省常州高级中学举行常州市劳务市场成立仪式，并举行了首场劳动力交流会形式的招聘会。就是在此次劳动力交流会上，农村劳动力开始大规模出现。

资料记载，当时光是从苏北过来的劳动力就有1200多人。而且，当时的《新华日报》还曾以《苏北农村劳力进入常州市区企业引人注目》为题报道此事。报道中指出，当时，这些农村来的劳动力大多被纺织、机械类行业吸引。

和现在一样，那时候的用人单位对有技术的打工者青睐有加。那次劳动力交流会上，溧阳、金坛等农村前来找工作的大都是木工、缝纫工、车工等，非常吃香。资料记载：“这些农村的能工巧匠有400多人，他们有一技之长，文化、身体素质较好，很受欢迎，成交率在50%以上。”

现在，人们到城里打工、找工比以往方便多了

但是，那时候，招聘会的频率远没有现在这样高。据统计，目前全市公共人力资源市场每年举办各类招聘会约200场次，拥有人力资源服务机构137家，到公共人力资源市场招聘和求职已成为一种常态。《常州劳动志》

记载，从 1988 年至 1990 年间，招聘会总共才举办了 20 多场次。

从无到有，现在我市农民工的数量已达136万人，人力资源市场空前活跃

20 世纪 80 年代末 90 年代初，我在私营企业每月能赚到 500 元，这时国营企业和集体企业员工的工资为百元左右。我的经历也在潜移默化地影响着同村人，从 20 世纪 90 年代开始，村上外出打工的人开始逐渐多起来。尤其是在 20 世纪 90 年代中期以后，打工潮开始兴起。

我在企业打工的同时，明显感觉到政策上对我们的关爱越来越多。比如，我们企业在 1995 年左右开始为我们缴养老保险，而且放假的天数越来越多。

2006 年，我从原来所在企业辞职，开始创业办厂，做模具生产销售。这时，我印象最深的仍是招工。

那时候，劳务市场和劳动力市场已经很普遍了，招工比我进城来打工的时候容易得多。尤其是 2007 年常州有了专门的人力资源市场以后，招工就更加容易了。

我说的劳务市场就是常州市人力资源市场，我市率先在全省将人才市场、毕业生就业市场和劳动力市场进行了真正意义上的贯通。

几十年过去，如今，我市人力资源市场日益活跃，每周都会组织各种类型的招聘活动。

现在的常州市人力资源市场

我专门上网查了资料，目前，常州的农民工数量也已经达到近 140 万人，而且他们不仅来自常州周边地区，而是来自全国各地。我们奋斗在城市的每一个角落，用勤劳的双手和辛勤的汗水创造美好的生活。

（记录、整理：吕洪涛）

改革开放后常州第一代模特的"芳华"岁月

□讲述人：张雷

张雷，江苏飞月时装表演队队员，改革开放后常州最早的男模特

"20世纪八九十年代，是常州纺织业的辉煌时期。当时为了推广产品，开始寻找形象、身材俱佳的模特，对产品进行穿着展示。由此，常州的模特行业开始兴起。如今，常州最早一批模特大多已改行。但是，二三十年前，恰是这批模特的'芳华'岁月。"

那时候，常州服装纺织行业发达，模特随之兴起

常州的模特行业是随着常州的纺织和服装业的辉煌而出现的，如果常州没有那么强的纺织业和服装业，常州的模特也不会那么早出现。

我曾在20世纪80年代初成为一名专职模特，是常州模特兴起的经历者和见证者。

我所在的模特队叫江苏飞月时装表演队，也被称为常州纺织表演队。我记得，我们这支模特队成立于1983年左右，是常州最早的模特队。

随着国家纺织服装业的发展，纺织工业部要求部分省市成立服装表演队，对纺织服装产品进行推广展示。当时，上级点名要求江苏组队参加，进行时装表演。

那时候，全国组建这样的队伍的也就个位数，数量非常少，除了常州，

丨张雷是常州模特行业兴起的见证者和经历者

还有北京、上海、深圳这少数几个城市。

20 世纪 80 年代，因为纺织服装业发达，组建江苏时装表演队的任务就落在了常州身上。印象中，我们这个时装模特队有 15 人左右，绝大多数是女模特，男模特包括我在内，只有两三位。

我记得很清楚，我们这批模特不是招聘而来的，而是从常州各个企业选拔来的。

这些模特大都是身高比较高、形象比较好的工人，进模特队以后，组织关系还在原单位。

像我自己，当时刚进东方印染厂做技术工人，但因为身高一米七九，形象比较好，就一下子被选中进了模特队。

我们那时候选男模特，身高至少要一米七八以上，女模特至少要一米六五以上。当然这个身高要求根本没法和现在比，但在当时已经算是高的了。

当时，大家不仅在常州展示新品服装，还经常到外地走秀赶场。但是，我们的报酬仍然按照原单位工资水平发放，待遇并不高。尽管这样，大家做模特的热情仍然高涨。

20世纪90年代，常州做模特的逐渐多了起来，也开始走向市场化

20 世纪 90 年代，我到北京发展，进入新丝路模特经纪公司。这时，我感觉模特行业的市场化越来越明显。

此时的常州，做模特的人开始逐渐增多。1990 年左右，常州服装有限公司根据产品推广的需要，也招聘了一批模特，组建了东海时装表演队。

当时，常州服装有限公司的模特队一共有 10 多名模特，其中，绝大部分

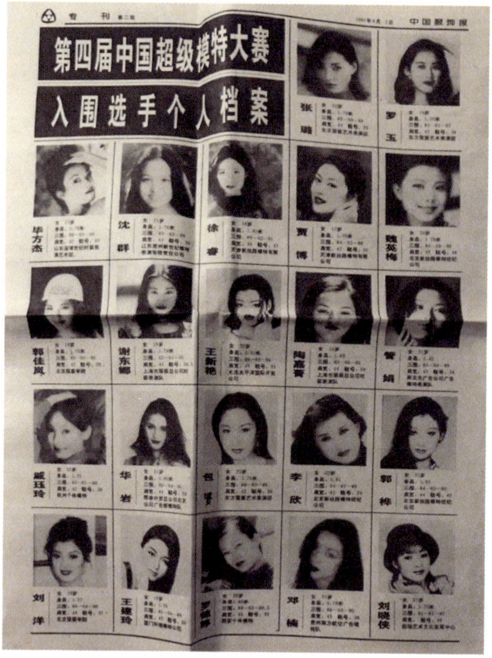
专刊　中国服饰报

第四届中国超级模特大赛
入围选手个人档案

张璐　罗玉　毕方杰　沈群　徐蓓　贾博　魏英梅　郭佳凤　谢东娜　王新艳　管娟　戚玉玲　华岩　包旭　李欣　郭桦　刘洋　邓楠　刘晓侠

丨20世纪90年代，常州部分模特还积极参加新丝路模特大赛

从公司内部挖掘，少数则是从公司外面挖来的。当时招聘女性模特的标准是身高至少一米六八以上，面容姣好，气质上佳。

20 世纪八九十年代，模特都要经过严格苛刻的走姿练习。印象中，训练模特的是常州歌舞团的陈丽华和闵建敏两位老师。女模特每天都穿着七八厘米高的高跟鞋练习走姿，训练时长在 5 小时左右。

当时，有人计算过，每天走姿训练的距离能从常州市区走到无锡市区。但女模特很能吃苦，当时她们天天走到脚出血，但仍然坚持。

除了本公司的服装展示表演，女模特们还经常参加其他模特活动，也就是商演。

做商演的报酬不低，我记得演出一天能挣到 100 元左右，多的时候一个月能挣两三千元，这在当时万元户都很少的时代绝对算高收入了。

20世纪八九十年代，常州出现一批比较有名的模特

20 世纪八九十年代，常州模特在全国都非常有名。尤其像我所在的飞月时装表演队多次在比赛中获奖，当时很多人都知道。我们队参加华东区的模特大赛，曾获得团体赛冠军。

当时，常州涌现出一批优秀的模特，比较有名的有沈群、徐蓓和包旭等人，

她们多次参加新丝路模特大赛等国家级模特大赛。

包旭至今保存着第四届中国超级模特大赛入围选手的个人档案。尽管资料上是黑白照片，但也难掩她们当年的芳华风貌。资料显示，和她们一起入围的，还有当时非常有名的谢东娜等超模明星。

除此之外，历届新丝路模特大赛的资料记载，徐蓓和沈群还获得了第四届北京区的十佳。

20 世纪 90 年代，随着自己参加的比赛越来越多，她们能感觉到自己的名气越来越大。

沈群有一次和朋友吃饭，朋友的朋友一下子就认出了她，问她是不是模特沈群，他们全家人通过电视看上海国际模特大赛，还为沈群加油。

如今，常州最早的那批模特大都转行了，只有少数人仍留在模特行业。像沈群，她从 20 世纪 80 年代末开始做模特，1995 年以后到北京发展，2000 年到杭州定居，之后就告别了模特行业。现在，她在灵隐寺附近开了一家民宿，过着半隐居的生活。

包旭也曾到北京发展，做了两年后，她便开始筹划转行。20 世纪 90 年

20世纪90年代常州模特的合影

代中后期，包旭回到常州，开始转行做酒店管理。

我也从模特行业走向文化产业，涉猎广告、影视。目前，我在北京担任一家文化公司的高级主管，经常策划一些大型的文化活动。

包旭的队友陆晓燕是为数不多的仍旧留在模特行业中的人，目前，她在常州老年大学担任模特老师，每天忙着训练和活动。

（记录、整理：吕洪涛）

时光如梭往事烟

我极其有限的档案职业生涯，与阅读、利用档案密不可分。在此，我将 7 年档案工作的体会写下来，与朋友们分享。我深知，鉴于学术训练、学术背景、知识结构与学术水平的局限，很可能会贻笑大方，但个人浅见或能对读者有点启发。

档案学的研究对象为档案现象及其本质和规律。其中，档案史学研究的主要对象通常是中国档案事业史、世界档案事业史、档案学史、档案思想史等。我觉得这只是狭义档案史学的研究领域，广义的档案史学研究还应包括与档案有关或者是利用档案进行历史研究的所有活动，也可以称之为档案历史研究。档案工作者应认真总结利用档案开展历史研究的发展历程，深入思考档案史学研究发展的内在规律，探求建设档案史学所需要的稳定而正确的方向、原则、途径和具体办法，促进独立完善的档案史学学科的形成。

唐德刚先生在《文学与口述历史》中说："我替胡适之先生写口述历史，胡先生的口述只占百分之五十，另外百分之五十要我自己找材料加以印证补充……李宗仁的口述历史，统计起来，大概只有百分之十五是他口述，百分之八十五是我从图书馆、报纸等各方面资料补充与考证而成的。所以所谓口述历史并不是一个人讲一个人写就能完成的，而是口述部分只是其中史料的一部分而已。”这，是否可以视为开展档案史学研究的范例呢？

口述档案价值实现的范围广泛，涉及社会经济建设、政治生活、社会管理等多个领域，开展口述档案建设可以满足抢救历史记忆的需要，弥补档案记载的不足。之所以要重视口述档案，是因为口述档案改变了以往档案的工作形态，是档案行业亟待开发和重视的新领域。虽然它的内容真实性需要认真考评和鉴别，它的诸多问题仍需要继续探讨，但它的价值珍贵性不容忽视、不可替代。其一，双向互动，弥补档案文献的缺漏，充实单调的历史情节，使之生动活泼，充满趣味性。其二，口述档案的素材主要来自民间，记录的是平民百姓或专业人士的生活与思考，更加注目于市井街巷、黎民百姓、寻常人家，这些可以帮助史家走向社会、走向群众，发挥应用史学的功能。

早在2017年3月，常州市档案馆就开始谋划口述档案工作。2020年8月，为贯彻落实市委关于推进高质量明星城市建设决策要求，保持充满激情、富于创造、勇于担当的精气神，加快形成具有显示度、引爆点的标志性档案成果，常州市档案馆正式启动了“常州历史记忆与口述档案”采集工程。该工程聚焦常州发展历史，采用口述的形式，通过访谈发展中的当事人特别是历史事件中的关键人物，更好地展现常州历史发展的重要内容，最大限度地还原真实的常州发展历程。以老专家、老厂长、老员工等为主要对象，记录他们所亲历的、记忆深刻的事件，并对所形成的音频、视频和文字资料进行整理归档。采访对象的年龄大部分在50岁左右，其中80岁以上有三人（含90岁以上的两人）。截至2021年底，常州市档案馆已录制口述档案近50期，收集了珍贵的第一手资料，丰富了档案馆藏。

常州的每一次发展与变化，在细节的讲述中充满人间烟火的气息。一个个瞬间，是四季轮转的落叶，更是时代焐热的灰烬。具体到左邻右里、乡里乡亲、同事同行，以一群普普通通的常州人作为口述历史采集对象，无论是欢乐还是哀伤，是富贵还是平凡，都是岁月的一份馈赠。

这些留存的记录，是对常州本土人文历史和非物质文化遗产等的抢救性保护，是对地方历史记忆的梳理与补充，是档案部门开发利用档案资源的创新举措、主动服务历史文化名城建设的探索与尝试。实践表明，开展口述档案资源建设必将成为档案工作社会化的新途径，是丰富档案资源的新契机。

《“我们那时候”——常州创新创业口述访谈实录》从“常州历史记忆与口述档案”采集工程采集到的口述档案中挑选41篇文章，配上图片结集出版，以保存城市记忆、整理采集成果、宣传档案文化，历时一年编纂而成，以真实内容为基础，图文并茂，兼具资料性和可读性，是常州市档案馆第一部口述档案工作成果。

国际档案理事会档案教育指导委员会副主席、中国人民大学信息资源管理学院王健教授为本书欣然作序，发表了作为一名档案资深学者的看法，专业情深，令人感动。还要感谢《常州日报》记者吕洪涛和他的团队在这一年多时间里为完成采集工程的辛苦付出。

感谢本项目采集所有的参与者，他们如此地信任我们，敞开心扉，自然而又乐观地与我们的采集人坦诚交谈。现场采集结束后，在整理阶段，许多相识或不相识的朋友，帮助我们回忆、撰写，使这部20余万字、百余张照片的口述、影像纪录更加清晰与饱满。就历史现场而言，口述历史采集的整个过程是温暖、生动的；就地方档案宝库而言，口述历史采集项目初步成果是逼真、可靠的。历史归根到底，是由每一个活生生的个体创造的；由人民书写历史、记录历史、解读历史，虽然需要相当长的时间，但以人民为中心的历史观正蔚然成风。

口述档案具有独特的价值，值得我们广泛收集与深入挖掘。本口述实录如能为相关读者提供资料，为以后的历史研究者所利用，也就实现了编著者的初衷。档案工作者进一步从提升档案工作服务大局能力、提升档案资源开发利用水平、提升档案文化宣传效果等方面努力，为全面推进“532”发展战略用好用活档案资源，完全可以大有作为，作出新的贡献。

张步东

常州市档案馆

2022 年 6 月